「大人の男」の所作と作法

岩下宣子監修
造事務所編著

祥伝社黄金文庫

はじめに
所作・作法を身につけると自信が持てる

わたくしの好きなことばのひとつに、アメリカの小説家・レイモンド・チャンドラーがいった「強くなければ生きてはいけない。優しくなければ生きていく資格がない」があります。

ことばには、「言霊《ことだま》」といって、魂や力があるといわれていますが、人生で辛いことや人間関係でつまずいたとき、どんなに助けられたかわかりません。このようなことばを、「人生の杖《つえ》ことば」というそうです。

マナーを学び、身につけることは、「人生の杖」をひとつ持つことになるのだと思います。マナーというと、「こうしなければならない」など堅苦しく考える人が多いのですが、じつは、レイモンド・チャンドラーがいっている本当の意味の「優しさ」を身につけることなのです。

たとえば、お葬式です。

「どのような服でもよい」といわれたほうが困りませんか。「この洋服を着てきたけれど、これでよかったのかなぁ……」と思っていると、自分のことで精一杯で、まわりの人の気持ちになって考えることができず、マナーどころではなくなります。

しかし、とりあえず、黒の洋服を着て行くことで心に余裕が生まれ、遺族やいっしょに参列する人の気持ちや立場になって考えられるようになります。

人は、自信がないと気遣いができなくなってしまいます。でも、安心していると思いやりが発揮できるもの。ルールが決まっていると、安心してその場に行って、優しくふるまうことができるようになります。

マナーを身につけることは、カッコよくふるまうためや自分をよく見せるためでなく、人生の大切な時間をいっしょにすごす人たちと快適な心のキャッチボールができるように、先人たちが考えた生活の知恵なのです。

英語の「マナー」は、日本語にすると「作法」や「礼儀」といったことばになります。

新渡戸稲造《にとべいなぞう》もその著書『武士道』のなかで、「体裁を気にして行なうのならば、礼儀とは浅ましい行為である。真の礼儀とは、相手に対する思いやりの気持ちが外にあらわれたもの。礼儀の最高の姿は愛と変わりありません」といっています。

この本を通じて所作や作法を学び、思いやりの心が発揮できるレイモンド・チャンドラーがいっている男性になっていただけることを願っています。

この本が生まれるきっかけをつくってくださった関係者の皆さまに感謝をしながら。

現代礼法研究所主宰
岩下《いわした》 宣子《のりこ》

知らずにやってる！

大人の男のNG作法5

あなたのその作法、まちがっていないかチェックしてみましょう。

NG 1 上司に「賀正」と書いた年賀状を送る

新年のあいさつである年賀状。上司に「賀正」や「迎春」、「寿」などと書いて送ってはいけません。

➡ 正しい作法は 18 ページ

NG 2 割り箸を縦に持ち左右方向に割る

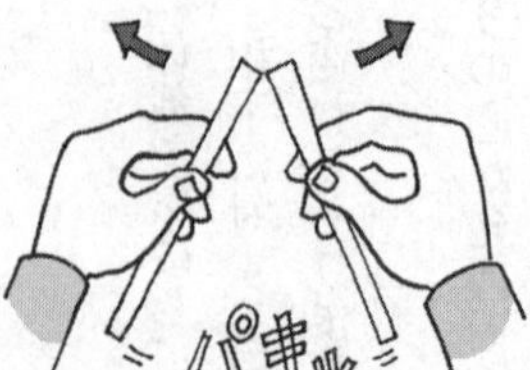

多くの人が勘ちがいしている箸の作法。箸先をこすらなければＯＫ、ではありません。

➡ 正しい作法は 73 ページ

NG 3 エレベーターにすばやく乗り込み操作パネルの前に立つ

下座の位置がわかっていても、案内の作法を知らずにいると、とんだ失礼になります。

正しい作法は 119 ページ

NG 4 引っ越しのあいさつを両どなりにする

一軒家でもマンションでも、あいさつに行くべきなのは両どなりだけではありません。

正しい作法は 138 ページ

NG 5 鏡もちや門松を大晦日に飾る

やっと大そうじが終わったなどと、31日になってから、正月飾りや鏡もちを飾るのはNGです。

正しい作法は 204 ページ

『「大人の男」の所作と作法』もくじ

パート2

接待・訪問

パート3 冠・婚

目録

パート4 葬・祭

〈スタッフ〉
文　青木ポンチ（スタジオポケット）
早川さや香（スタジオポケット）
デザイン　沖田拓哉（クラップス）
イラスト　栗田宗一

パート1

礼状・通知・贈り物

年賀状・喪中はがきの書きかた

プリントに頼らず、肉筆で相手への思いを伝えましょう。

季節のあいさつのなかで、もっとも大切なのが、新年のあいさつです。もともとは、目下の人が目上の人を訪れてあいさつしていましたが、現代では「年賀状」を贈る習慣へと変わりました。相手に実際に会うつもりで書くのが、本来の年賀状なのです。

冒頭は、お祝いのことば「賀詞《がし》」から書きはじめます。**目上の人には、「謹賀新年」「恭賀新年」などの、四文字賀詞を用いるのが正式とされます。**「賀正」「迎春」などの二文字賀詞、「寿」「福」などの一文字賀詞は、目下の人に向けた表現なので、注意しましょう。「あけましておめでとうございます」「新春のお慶びを申し上げます」といった賀詞は、相手を選ばずに使えます。

賀詞に続く内容は、昨年お世話になったことへのお礼です。そして、今後のお付き合いをお願いする文言に続き、相手の健康や幸福を祈ることばで結びます。

目上の人への年賀状の文例は、次のようになります。

謹賀新年
旧年中はたいへんお世話になりました
本年もなにとぞよろしくお願いいたします
○○様ご家族のご健康とご多幸を心よりお祈り申し上げます
平成○○年　元旦

親しい友人・知人に送る場合は、あまりかしこまった文面にする必要はありません。ふだん通りのことばで、近況報告も添えるとよろこばれます。
男性の場合、肉筆が苦手な人も多くいますが、大切なのは「相手を思ってペンをとる」、その気持ちを送ることです。たとえ字が上手でなくても、肉筆で書くことで、相手に気持ちが伝わると考えましょう。印刷された文面を使うにしても、手書きの一文を添えて温かみを出すのが、大人のはからいです。

年賀状は、毛筆（筆ペンでも可）に親しむためのいい機会でもあります。筆では敷居が高いという人は、万年筆でもかまわないので、格式のある筆記具を用いること。形《かたち》から入ることで、自然とあらたまった気分がわくものです。

また、年賀状は元日から1月7日の「松の内」までに相手に届くように出しましょう。できれば、12月25日までに投函して、元日に着くように心がけたいものです。自分が出していない人から届いたときの返信も、年賀状として出せるのは、松の内までがベターですが、遅くても小正月の15日まで。事情があって松の内より遅れる場合は「寒中見舞い」、目上の人には「寒中御伺い」として出しましょう（24ページ参照）。

◆喪中を伝える「年賀欠礼状」

身内に不幸があった場合、1年間は喪に服し、年賀状は控えるのが慣例とされています。年賀状の発売は例年10月末ですが、12月上旬までに、「年賀欠礼状（喪中はがき）」

を出しましょう。年賀状と同じく、印刷された文面を使うにしても、手書きの一文を添えましょう。

年末に不幸があって、欠礼状を出すのが間に合わない場合は、松の内が明けてから「寒中見舞い」として欠礼状に代えるのが一般的です。

喪中に年賀状をもらった場合は、年賀のあいさつではなく、「寒中見舞い」として返事を送るようにしましょう。

なお、法人には喪中がないので、社員や社員の家族に不幸があった場合は、当事者個人の年賀状は控えるとしても、会社として欠礼状を送る必要はありません。

男の教養コラム

重ねことばや句読点は使わない

「新年あけましておめでとうございます」は、「新年」と「あけまして」とが意味の重複を起こすので×。同様に、「元旦」は「一月一日」の意味なので、「一月元旦」も間違いとなります。

あまり知られていませんが、日本語は筆でつづけ字で書くものだったので、手紙に「、」「。」などの句読点をつけないのが基本ルールです。

メールで送る年賀状・礼状・お見舞い

きちんとしたお付き合いは、メールだけですませないで。

年賀状をはじめ、あいさつ状や礼状、お見舞いなどを、メールで送る若い人も多くなりました。

季節のあいさつは、もともと、目下の者が目上の人を訪問して行なうものです。そのあいさつに行けない代わりに送っているのが、現代のあいさつ状です。これらは、日ごろの厚意に対する感謝の気持ちや、相手の健康などを気遣う思いを伝えるのが目的です。メールですませてしまうのは、「大人」の付き合いとしては、軽いといってさしつかえないでしょう。

礼状やお見舞いも、同様です。どれも、たんにことばを贈っているのではなく、相手への思いを贈っているのです。**あいさつ状や礼状、お見舞いなどは、はがきや手紙で書くのが基本と考えましょう。**

ただし、季節のあいさつやお見舞いのメールが送られてきた場合は、そのまま返信してしまってもかまいません。

また、外国の郵便事情がよくないところにいたり、滞在場所が定まっていなかったりする場合は、メールを送ってもいいでしょう。それでも、「落ち着いたら、あらためてご連絡いたします」としておいて、落ち着き次第、はがきや手紙を送りたいものです。

自分の都合ではなく、相手のためになにかをするという考えかたが、日本の作法の根本にはあります。その心を忘れないようにしましょう。

男の教養コラム

「Re:」は「Return」の意味ではない

メールを返信しようとすると、件名の頭には自動的に「Re:」がつきます。これは「リー」と読み、「〜について」や「〜の件」といった意味のラテン語が由来で、「Return（戻す）」や「Reply（返事）」の意味ではありません。件名は、変更せずに返すのがマナーですが、「Re:」が続く場合は、余分な「Re:」を削除して送りましょう。

寒中見舞い・暑中見舞いの書きかた

季節のあいさつ状は、送る時期がポイントです。

「寒中見舞い」は、寒さのきびしいあいだに送る、あいさつ状です。年賀状を出しそびれたまま松の内をすぎてしまった場合、喪中と知らずに年賀状を送ってきた人への返礼、あるいは喪中の人へ送るなど、さまざまなあいさつ状として使います。

送る時期は、1月8日から立春《りっしゅん》（2月4日）までのあいだが目安となります。立春をすぎて2月中に送る場合は、「余寒《よかん》見舞い」として出します。

「暑中見舞い」は、暑い夏のあいだに相手の健康を気遣う、心のこもった風習です。とくにお世話になっている人や、日ごろ会えない友人などに出すものなので、形式にはあまりとらわれる必要はありません。相手の健康を思いやり、自分の近況を伝えましょう。年賀状はだれもが書くものですが、暑中見舞いを書く男性というのは、あきらかに印象がアップします。

文末に日付を書いてもいいのですが、「平成○○年 盛夏」（残暑見舞いは「立秋《りっしゅう》」など）と結ぶのが一般的です。友人への暑中見舞いの文例は、次のようになります。

> 暑中お見舞い申し上げます
> 暑さの厳しい毎日ですが、○○様にはお変わりなくお過ごしでしょうか。
> わが家は夏バテすることもなく、元気に過ごしております。
> まだまだ暑さは続きそうですが、ご自愛くださいませ。
> 平成○○年　盛夏

送る時期は、梅雨明け（7月中旬）から立秋（8月8日ごろ）までを目安とし、それより遅れる場合は「残暑見舞い」としましょう。**目上の人に出す場合は、「見舞う」とするのは失礼になります。**文面は、「暑中お伺い申し上げます」としましょう。

いただき物・お祝いのお礼状

季節の贈答品やお祝いの品には、すみやかにお礼状を。

お中元やお歳暮、旅行のお土産など、なにかしら品物をもらったときは、すみやかにお礼状を返しましょう。品物が届いた日から3日以内に、手紙かはがきを送りましょう。返礼は遅れるとおっくうになるので、すみやかに返すのができる男の流儀です。

お礼状には、お礼のことばに加えて、品物の感想、近況報告、今後へつなげることばなどを記します。せっかくお礼状を出しても、決まりきった定型文では、思いは伝わりません。よろこびと感謝を、あなた自身のことばで伝えましょう。

電話で感謝を伝える人もいますが、相手を呼び出す電話は、お礼の際には失礼になります。ただし、魚介類や果物などの生鮮食品をもらった場合は、無事に受け取ったか、品物に問題はなかったかと、贈った相手が気をもんでいます。まずは、電話でお礼を伝え、追ってお礼状も送りましょう。

結婚や出産、入学、新築などでお祝いの品をもらった場合も、先延ばしにせず、すぐに返礼することが第一です。

文章は、簡潔なものでかまいませんが、自分より目上の人にお返しする場合が多いため、ある程度の形式を意識したほうが無難でしょう。

別便でお返しの品物を贈る場合でも、お礼状を出しておいたほうが、よりていねいな印象をあたえます。

お中元やお歳暮、お土産など日常の贈り物へのお礼は、はがきでかまいませんが、結婚や出産、新築などのお祝いへのお礼は、封書を用いるのが一般的です。

男の教養コラム

贈答品の返送も礼を尽くす

公務員など、規則でどうしても贈答品を受け取れない立場の人もいます。せっかくの厚意を辞退するのは心苦しいですが、お礼状で規則のため受け取れない旨を知らせ、「今後はお気遣いのないよう、お願い申し上げます」と丁重に伝えます。礼を尽くしたうえで、品物を返送しましょう。

転職・退職のあいさつ状

仕事の節目を知らせるあいさつ状は前向きなことばで。

転職や退職のあいさつは、「今までお世話になった人へのお礼」と「これからについての報告」を兼ねた重要なもの。ビジネスマンにとって、新生活スタートの第一歩です。メールですませる若い人も多いようですが、ぜひはがきを送りましょう。

あいさつ状を送るタイミングは、社内で「〇月〇日付」と転職や退職が発表された日付から、あまり遅れないほうがいいでしょう。

送る相手は、在職中にお世話になった人はもちろん、これからもお世話になると思われる人、そして入社の際に力を貸してくれた人や、転職活動を支援してくれた人にも、忘れずに送りましょう。会社で築いた人間関係は、転職や退職をしたあとにも役に立つものです。少しでもお世話になった人には、ぜひ出しましょう。

事前に、口頭で転職や退職を伝えていた人にも、あいさつ状は送りましょう。

仕事に関する重要な決断を、あらためて文書でも伝えることで、受け取った側はあなたの「熱意」を感じることでしょう。

会社や家庭の都合など、やむにやまれぬ事情で辞める場合でも、マイナスな表現は抑えてください。お世話になった人への感謝を念頭に、前向きな姿勢を伝えることが、今後の人生をよりよいものへと導くと考えましょう。

独立・起業する場合も同様です。快《こころよ》く送り出してくれた人たちへの感謝を忘れずに。

転職や退職を知り、連絡をくれる人もいます。自宅や転職先など、新しい連絡先の記載も忘れないようにしましょう。

男の教養コラム

退職を社外へ伝えるタイミング

基本的には、内示が出てから知らせますが、実際の退職日まで間がない場合、後任者への引き継ぎのあいさつが追いつかなくなります。親しい取引先には、手紙を送る前に担当者に伝えてもかまわないでしょう。同業他社、いわゆるライバル会社に転職する場合は、そのいきさつをオープンにするのはＮＧです。

新築・転居のあいさつ状

新生活の第一歩はあいさつ状から。早めに準備しましょう。

引っ越しのお知らせは、自分たちの新生活に向けてのよろこびと意気込みを伝えつつ、新住所や電話番号などを知らせる、大事な役割があります。親との同居や、二世帯住宅を建てた場合でも、あいさつ状を送りましょう。

あわただしい状況でつい後回しになりがちですが、あいさつ状を送るのは、引っ越してから半月以内にすませたいもの。はがきでの簡潔な文面でいいので、前もって準備しておきましょう。年末に引っ越した場合は、年賀状と兼ねてかまいません。

文面には、いつ、どこへ転居したかを明記します。いうまでもないことですが、住所の書きまちがいは致命的なので、ビル名まで念入りに確認すること。最寄りの駅からのアクセスなど、周辺環境についての情報も記しておくと親切です。

会社や店舗の移転通知など、今後多くの来訪者が予想される場合は、沿線の情報や、地図も載せます。ホームページへとアクセスできるQRコードなどを載せるのも、親切な方法です。

最後に、「お近くにお越しの際はお立ち寄りください」と、来訪をうながす一文も忘れずに。新居が片付いたタイミングで、親族や友人を招いて新居披露の内祝いを行なってもよいでしょう。

引っ越しのお知らせは、印刷されたはがきを送るのが一般的になっています。**しかし、肉筆でひとこと添えるだけで、温かみが生まれます。**日ごろの厚情への感謝でも、相手を気遣うことばでもかまいません。相手を思ってひとことを添えましょう。

男の教養コラム

新築祝いの贈り物はなにがいい？

新築祝いは、完成後の１カ月以内に贈るといいでしょう。金額の目安は５０００～２万円程度、品物は置き時計や花びん、クッションなどインテリア小物や、食器や台所用品などの新居にふさわしいものが好まれます。カタログギフトや金券類でもかまいません。赤白蝶結びの水引ののし紙に「御祝」の表書きで贈りましょう。

開店・開業のお知らせ

引出物は新たな門出にふさわしい品を。名前入りの記念品も定番。

開店や開業のあいさつ状については、基本的には新築や転居のあいさつ状と同様です。簡潔な文面でかまいませんので、はがきを送りましょう。

プライベートではなくビジネスのことですから、できるだけ多くの関係者にお知らせし、場合によっては「披露パーティー」を開いてもよいでしょう。お店の場合は、あいさつ状に割引クーポンなどの特典を記載するのも効果的です。

開店・開業記念の引出物（内祝い）には、店名や社名などを入れると格好のPRになります。ただし、贈られた側の使い勝手を考えて、なるべくさりげなく控えめに入れるのが大人の気遣いです。

品物は、食器やタオル、卓上カレンダー、メモ帳、筆記用具などの実用小物が多いようです。披露パーティーが開かれるなら、その場で配るのがいいでしょう。係の人からではなく、ぜひ自分の手から、出席してくれたことへの感謝の気持ちを伝えながら渡したいものです。

なお、開店・開業にともないお世話になった建築・工事関係者には、感謝の気持ちを込めて金一封などを贈る心遣いも忘れずに。

反対に開店・開業をお祝いする場合は、どうしたらいいでしょうか。

まず、お祝いの品は、オープン日に贈るのがベストです。それ以降でも、1週間以内であればかまいません。金額の目安は、1万~2万円程度です。**開店や開業の場合、目上の人に現金を贈ってもよしとされます。**

品物は、観葉植物やタオル、スリッパなど、実際に店舗やオフィスで使えるような消耗品がよろこばれます。商売の伝統として、招き猫などの縁起物を贈る習わしもあります。購入した店舗の包装のうえに、赤白蝶結びの水引ののし紙に「御祝」の表書きで贈りましょう。

お得意先の披露パーティーに招かれた際は、「樽酒」を用意するのも、華やかさを演出する大人のアイデアです。

お悔やみの手紙の書きかた

形式的すぎず、悲しみに寄り添うように書きましょう。

訃報を知ったものの、遠方だったり、事情により弔問できなかったりする場合は、お悔やみの手紙を送りましょう。電話をかける人もいますが、相手は力を落としているだけでなく、葬儀の準備などでいそがしい最中です。相手を思い、控えましょう。

お悔やみの手紙は、なるべく早く出すこと、目的以外の用件は書かないことがマナーです。**封筒や便せんは、縦書きで白無地のものを、インクは黒を選びます。**

通常の手紙とは異なり、「拝啓」などの頭語や、時候のあいさつなどの前文、近況報告は不要です。書き出しは、訃報を知ったおどろきからはじめます。続いて故人の死を悼《いた》み、お悔やみのことばを述べます。

故人と親しかった場合は、その思い出にふれる一文を続けましょう。そして、遺族をいたわり、温かくはげますことばを添えるようにしましょう。とはいえ、「がんばって」「元気を出して」といった直接的なはげましは、ときに無神経に聞こえるので、慎みましょう。

忌みことば（36ページ参照）にも、注意しましょう。「つくづく」や「重ね重ね」などの、「重ねことば」はNGです。

通夜や葬儀に参列できない場合は、お詫《わ》びのひとことを忘れないように。「合掌」などの結語は書いてもかまいませんが、追伸などは省略するのがエチケットです。

香典（166ページ参照）を同封する場合は、文末にひとこと書き添えておきましょう。葬儀・告別式には、式に間に合うように弔電を打つことも忘れずに。

男の教養コラム

住所に算用数字は使わない

手紙やはがきの住所を書くときに、「1・2・3」などの算用数字を使っていませんか？　和封筒や、はがきで宛名を縦書きする場合は、「一・二・三」などの漢数字を使うのが作法です。ただし、「13」「103」は「十三」「百三」ではなく、「一三」「一〇三」と書くこと。洋封筒やはがきで宛名を横書きする場合は、算用数字を使いましょう。

覚えておきたい手紙の「忌みことば」

手紙だけでなく、スピーチのときにも使わないようにしましょう。

お祝いやお悔やみの手紙はもちろん、あいさつやスピーチの際などにも、気をつけたいのが「忌みことば」です。忌みことばは、不吉なことを連想させることばで、ふだんなに気なく使っている表現にも、多く含まれます。

とくに「重ねことば」は、要注意。**結婚や死別がくり返されるのは縁起が悪いため、婚・葬いずれの場面でもタブーです。**気にしすぎて堅苦しくなる必要はありませんが、大人として頭に入れておきましょう。もし忌みことばを口にしてしまっても、あわてて言い直す必要はありません。すみやかに次の話題に移ったほうがスマートです。

ちなみに、お祝いの品にもタブーはあります。結婚祝いなら「切れる・割れる」ものの、包丁やナイフ、ガラスや陶器類などは避けるのが一般的です。また、新居祝いに「赤いもの」を贈るのは、火事を連想させるので控えましょう。

●場面によって避けたほうがいい「忌みことば」

「出産」にまつわる忌みことば
失う、落ちる、消える、壊れる、流れる
「入学・進学」にまつわる忌みことば
落ちる、切れる、すべる、止まる、破れる
「新築・転居」にまつわる忌みことば
傾く、腐る、崩れる、倒れる、飛ぶ、流れる、燃える
「開店・開業」にまつわる忌みことば
終わる、傾く、さびれる、倒れる、たたむ、つぶれる、閉じる、燃える
「長寿」にまつわる忌みことば
衰える、終わる、枯れる、朽ちる、倒れる、ぼける、まいる、弱る
「お悔やみ」「結婚」にまつわる忌みことば
いよいよ、いろいろ、くれぐれも、しばしば、たびたび、つくづく、ますます、追って、重ねて、続いて、なんども、ふたたび、次に

手紙やスピーチ原稿を書いたら見直して、忌みことばは言い換える。

お年賀・お年玉の贈りかた

一年のスタートは、気持ちよくあいさつの心を届けましょう。

元日から7日のあいだを「松の内」といいます。門松などの松飾りをする期間です。このあいだに、親戚や仲人、会社の上司や取引先、隣近所の家などを訪ね、新年のあいさつをする行事が「年始回り」で、その際にあいさつのしるしとして渡すのが、お年賀の品です。

年始回りは企業の行事、と思っている若い人もいるようですが、かつては、どの家でも年始回りに行ったり、客が訪れたりするのがふつうのことでした。日本人にとって、年始のあいさつはとても重要なもので、一日に何軒も年始回りをすることも、よくありました。こうした風習をきちんと守るのも、大人の心得としましょう。

年始は不在にしている場合も多いので、前もって連絡して、先方の都合を聞いてから訪ねるのが基本。前年の大晦日までに連絡をして、訪問の日時を決めておきましょう。元日と午前中を避け、昼間の明るいうちに訪ねましょう。

年始回りは、基本的に、玄関先であいさつをすませます。**新年のあいさつを述べ、年賀の品を渡したら、すみやかに失礼します。**引き止められても、遠慮して丁重に断わるようにします。とくべつな理由があって、家にあがらなければならない場合でも、長居をしないよう心がけましょう。

玄関先とはいえ、あらたまった場です。服装は、スーツを選びましょう。寒い季節ですが、玄関の外でコート類を脱いでおくことを忘れずに。

ところで、お年賀の品はなにがいいのか、悩む人もいるかもしれませんね。

金額の目安は、基本1000円くらいです。お歳暮を贈っている関係なので、気持ちでよいのです。

品物は、菓子やお茶など、たしなむ人であれば日本酒などのお酒もいいでしょう。タオルや手ぬぐい、カレンダーなど、正月らしい品も伝統的ですが、白を基調としたシンプルなものが使いやすく好まれます。

年始は、お店が閉まっている場合も多いですから、品物は暮れのうちに用意しておきましょう。表書きには、「御年賀」「御年始」などと書き、赤白蝶結びの水引ののし紙をかけます。

なお、お歳暮を贈りそびれた場合や、礼状だけでは気が引けるという場合などは、お歳暮と同額程度のお年賀の品を渡してもいいでしょう。松の内もすぎてしまった場合は、御年賀ではなく「寒中御見舞」として贈るようにします。これは年賀状と同じ作法ですので、おぼえておきましょう。

◆お年玉は渡す子どもの親の目の前で

松の内に会った、親戚や親しい人の子どもに渡すのがお年玉です。金額は、子どもの年齢に応じて目安を設けておくと便利です。最近は、家庭によって教育方針もさまざまですから、親にひと声かけてから、親が見ている前で渡しましょう。

お年玉は、現金をむき出しにせず、ポチ袋やお祝い袋に入れて渡します。表書きは「お年玉」とし、下に自分の名前、左上に子どもの名前を書きましょう。

●お年玉の金額の目安

小学校入学前	1000円
小学校低学年	1000～3000円
小学校高学年	3000～5000円
中学生	5000円
高校生	5000～1万円
大学生	1万円

お札は新札を用意する。ポチ袋には、きれいに折って入れる。

子どもには、和室なら正座、洋室ならまっすぐ立って、両手で受け取り、お礼をいうことを教えておくのも、親としてのたしなみです。

お年玉は、あくまでも目上の人から目下の人に贈るものです。**会社の上司など、目上の人の子どもに現金のお年玉を渡すのは、失礼といわれています。**気になる場合は、表書きを「御年賀」として、図書カードなどを贈るようにしましょう。

年始回りでは、子ども連れの客と居合わせることもあります。ポチ袋とお金は、多めに用意して持ち歩いておくようにすると安心です。

お中元・お歳暮の贈りかた

日ごろお世話になっている人へ、年2回、感謝の気持ちを贈ります。

会社の上司や取引先、仲人、親戚など、日ごろお世話になっている人に感謝の気持ちを込めて贈るのが、お中元とお歳暮です。

贈る時期は、お中元なら7月上旬から15日ごろ（地域によっては8月はじめから8月15日まで）、お歳暮なら12月上旬から20日ごろまでが一般的です。近年は、お中元を6月下旬から、お歳暮を11月下旬から贈りはじめることもふえているようです。

お中元は、中国の道教の習俗がもとになっています。上元・中元・下元という「三元」のひとつで、中元は、陰暦の7月15日のことでした。お歳暮は、日本の「お正月事始め」の風習がもとになっています。12月13日に、お世話になっている人たちにあいさつをし、贈り物をしていたのです。

つまり、お中元もお歳暮も、贈る時期が大切なのです。

金額の目安は、3000〜5000円くらいが一般的です。

品物は、食べ物が多いですが、相手の好みや家族構成を考えて贈るとよろこばれます。たとえば、子どもがいるなら子どもでも食べられるものが、大人数の会社の部署に贈るなら個数が多めで分けやすいものがよいでしょう。相手が楽しみにしているようであれば、毎年同じ品を贈るのも社交上手な大人のやりかたです。

表書きには、「御中元」「御歳暮」などと書き、年賀と同様に赤白蝶結びの水引ののし紙をかけます。

お中元もお歳暮も、本来は、持参してあいさつのうえで贈るものです。近所のお得意先など、直接品物を持参すれば重みが伝わるでしょう。デパートなどから配送する場合でも、カードや一筆箋《せん》など、ひとこと添えられるように手配しましょう。品物とは別に送り状を郵送すれば、よりていねいな印象をあたえます。

お中元の時期をすぎ、8月8日ごろの立秋までに贈る場合は、表書きを「暑中御見舞」にします。目上の人には、「暑中御伺」とします。それ以降、9月上旬までに贈る場合は、「残暑御見舞」の表書きにしましょう。目上の人には、「残暑御伺」として贈ります。

お歳暮が年を明けてしまった場合は、松の内でしたら表書きを「御年賀」に、それ以降、2月4日ごろの立春までに贈る場合は、「寒中御見舞」にしましょう。目上の人には、「寒中御伺」とします。ただし、お正月に食べてほしい食材などを贈る場合は、お歳暮であっても12月30日くらいに贈っても大丈夫です。

◆お中元・お歳暮はお返しではなく礼状を

お中元とお歳暮は、両方を贈るのがマナーです。また、一度贈ったら、毎年贈り続けなければなりません。**急に贈るのをやめるのは失礼になります。**

ただし、相手との関係が変わるなどして、贈るのをやめたい場合もあるでしょう。そうした場合は、まず、お中元を贈らずに暑中見舞いのはがきに代えてあいさつをし、お歳暮だけを贈ります。そして、次の年は、お歳暮もやめるというようにします。先にお中元をやめる理由は、お中元よりお歳暮のほうに、重みがあるからです。やめた後も、季節のあいさつ状を贈るようにすれば、角が立つこともないでしょう。贈答品の「退き際」を見極めるのも、大人の男として必要な心得です。

お中元もお歳暮も、基本的にお返しは不要ですが、お礼状は、かならず出しましょう。はがきでかまいませんので、感謝の気持ちをしたため、3日以内に出しましょう。電話やメールではなく、肉筆で書くのが、大人の心遣いです。

また、お中元やお歳暮は、お祝いの品ではないので、喪中であっても贈ってかまいません。

ただし、不幸があって間もない場合は、四十九日がすぎるのを待って贈ります。のし紙を、赤白の水引ではなく短冊ののし紙にすれば、派手な印象がなくなります。

男の教養コラム

魚を贈る風習があるのはなぜ？

お歳暮に、新巻鮭やブリなどの魚を贈る伝統があります。これは、他家に嫁いだ娘が、正月の歳神さまに供える祝い肴を実家に送った習わしが残ったものといわれています。また、鮭やブリなど、成長にしたがって呼び名の変わる出世魚は「年取り肴」と呼ばれ、年越しに食べる風習があったとされています。

出産の祝いかた

出産祝いは、たくさんもらっても困らないものを。

出産祝いは、母子の健康を案じ、出産を心からよろこび、お祝いするものです。

出産直後は、なにかとあわただしいため、よほど親しい間柄でなければ、お祝いを直接持参するよりも、お七夜《しちや》（127ページ参照）からお宮参り（128ページ参照）のあいだの、出産後1カ月以内に郵送するのが一般的です。

お七夜は、赤ちゃんが生まれてから七日目の夜のことです。むかしは、赤ちゃんの死亡率が高かったので、生まれてすぐではなく、数日たつのを待ってから、育っていくことに感謝をしてお祝いをしていたのです。それが、現代にものこって、お七夜をすぎてから、お祝いを贈るようになっています。

お祝いの金額の目安は、親族なら1万〜2万円、友人知人や会社の同僚なら5000〜1万円程度です。

品物は、ベビー服や肌着、よだれかけ、パジャマ、タオル、シーツ、毛布、おもちゃ、アルバム、写真立て、育児書など、生後間もなくから1歳くらいまでに使える品がよいでしょう。

衣類や寝具は、いくらあってもよろこばれますが、ベビーチェアなどの大物は重なると困りますので、確認してからにしましょう。「これは必要」「これはいらない」をまわりにリサーチするようなまめな姿勢が、「贈り上手」になる秘訣です。

もちろん、現金や商品券でもかまいません。表書きは、「御祝」「御出産祝」として、赤白蝶結びの水引ののし紙をかけます。

出産祝いのお返しは、表書きに「内祝」と書きます。**内祝とは、身内のおめでたをいっしょに祝ってもらうという意味です。**贈る時期は、生後1カ月ほどで行なうお宮参りの前後にしましょう。

品物は、調味料や飲み物、お酒、お菓子、食器類、タオルや石けんなど、もらった品物の半額くらいが目安とされます。赤白蝶結びの水引ののし紙に、赤ちゃんの名前（漢字にはふりがなをふる）を書いて贈りましょう。

入学・卒業・就職の祝いかた

人生の節目には、新生活の必需品を贈りましょう。

入園や入学、卒業、就職は、基本的には子どもの成長や門出にともなう、内輪のお祝いです。親戚や身内同然の親しい間柄で祝うものなので、たとえ上司の子どもであっても、面識もない相手にご機嫌取りのお祝いをする必要はありません。

金額の目安は、小学生・中学生・高校生なら5000～1万円、大学生・社会人なら1万～2万円程度です。入園や入学のお祝いは、入園・入学の1週間くらい前までに、卒業祝いは卒業式後から3月末までに、就職祝いは入社前に贈りましょう。

お金よりも品物のほうが、もらう側にも記念になりよろこばれます。そうした場合は、新生活に必要となる品物を贈りましょう。小学生なら文房具類や図鑑、中高生なら辞書や時計、財布、大学生・社会人なら万年筆やバッグ、ネクタイなどが定番です。ランドセルや学習机など、重なったら困るようなものは、本人や両親にあらかじめ相談しましょう。

小学校から中学校へ、中学校から高校へというように、卒業後すぐに次の学校に進学する場合は「入学祝」を、卒業後すぐに就職する場合は「就職祝」を贈ります。**卒業より入学や就職のほうが、祝いごととして重きが置かれるからです。**

「第一志望校に落ちた」など、微妙な状況でもお祝いを控える必要はありませんが、表書きを「祝合格」ではなく、「入学御祝」として贈るようにします。

お祝いをもらった側はお返しをする必要はありませんが、かならず手紙または電話でお礼の気持ちを伝えましょう。

男の教養コラム

おぼえておきたいスーツのマナー

洋服の着こなしは、いつでもきちんとしておきたいもの。スーツのボタンは、「一番下はとめない」のが基本です。腰ポケットのフタは、「雨の日は外に出し、晴れの日はなかに入れる」と聞きますが、あまりこだわる必要はありません。片方は入れてもう片方は出している、などとしないようにすればよいでしょう。

昇進・栄転・就任の祝いかた

会社人生の節目は、職場の皆でお祝いするのが一般的。

役員に昇進した、支店長に栄転した、社長に就任した。そういったビジネスのお祝いごとについては、おもに当人に近しい関係者がお祝いの品を渡したり、お祝いの席を設けたりするのが一般的です。社長就任など、大きな人事については、就任披露パーティーを開いて関係者一同にお披露目する場合もあります。

お祝いの金額については、職場一同でお金を募る場合が多いので、とくに相場はありません。ひとりあたり２０００〜５０００円程度が一般的です。

品物は、飲める人であれば清酒やワインなどのお酒、あるいはネクタイやハンカチなどのファッション小物、万年筆などの高級文具がいいでしょう。

就任披露パーティーでは、会場にて祝儀袋を渡すことが多いのですが、品物を贈ることもあります。あまり大げさなお祝い品だと目立ちますので、持って帰りやすいものがいいでしょう。**会社の公的行事である場合が多いので、ある程度フォーマルな服装とふるまいを心がけましょう。**

お祝いを贈るにあたり、表書きは悩みどころです。というのも、その人事が「昇進・栄転」なのか「リストラ・左遷」なのか、判断がむずかしい場合があるからです。大人の判断力が試されるところです。

昇進・栄転の場合は、「祝 御昇進」「祝 御栄転」。会社の取締役になった場合は、「祝 御就任」です。昇進がともなわない転勤の場合は、「御贐《おはなむけ》」「御餞別《おせんべつ》」などとします。

いずれにしても、赤白蝶結びの水引ののし紙を使うのは共通です。

男の教養コラム

下着として見られるワイシャツ

ワイシャツは、もともとパンツを兼ねた下着でした。正装をするとほとんどシャツが見えなくなったり、レストランでジャケットの着用が求められたりするのは、そのためです。また、襟《えり》の先端をボタンでとめる「ボタンダウン」は、カジュアルな装いです。ビジネスや礼装には不向きなことをおぼえておきましょう。

長寿の祝いかた

まだまだ元気な人には、年齢を感じさせない実用品を。

長寿を祝うことを、「賀寿《がじゅ》」といいます。高齢化が進み、「賀寿」を行なう機会もふえています。しかし、まだまだ健康で、働いている人が多く、なかには年寄りあつかいされることを嫌う人もいます。相手の気持ちによりそう配慮が必要です。

お祝いは、誕生日、または敬老の日に行ないます。基本的に、数え年61歳（満60歳）の「還暦」祝いからになりますが、最近は60代でも現役で活躍している人が多いため、数え年70歳（満69歳）の「古稀《こき》」から祝うケースがふえています。

還暦は、暦の干支が一巡することが由来です。干支は、甲乙丙ではじまる「十干《じっかん》」と、子丑寅ではじまる「十二支」を組み合わせたものです。甲子《かっし》から癸亥《きがい》まで60あり、これが一巡するほど長く生きたことを祝うのです。こうした由来は、ぜひおぼえておきましょう。

●長寿祝いの種類と由来

※年齢は数え年

還暦　61歳	60歳で干支が一周して、生まれの干支に還る
古稀　70歳	杜甫の「人生七十古来稀なり」の一説より
喜寿《きじゅ》　77歳	「喜」の草書体が「七十七」に見えるため
傘寿《さんじゅ》　80歳	「傘」の略字が「八」と「十」に見えるため
米寿《べいじゅ》　88歳	「米」の字が「八」「十」「八」になるため
卒寿《そつじゅ》　90歳	「卒」の略字「卆」が「九」と「十」のため
白寿《はくじゅ》　99歳	「百」から「一」を引くと「白」になるため
百寿《ひゃくじゅ》 100歳	「百」になるため

本来は数え年だが、満年齢で祝うことが多くなっている。

親や親戚であっても、目上の人です。現金よりも、趣味の品や日用雑貨など、本人の気持ちをくんでよろこぶものを贈るのがよいでしょう。**困ったときは、現金ではなく、ギフト券がよいでしょう。**

靴やスリッパなどの履物は「踏みつけるもの」として嫌う人もいますので、避けたほうが賢明です。

金額の目安は、1万～2万円程度です。「寿」「祝○○」などの表書きで贈ります。

また、還暦のお祝いに、赤いちゃんちゃんこを贈る風習には、暦が一巡して赤ちゃんに戻るという由来があり、赤の色に魔除けの意味が込められています。

病気見舞いの作法

突然の病気やけが。そんなときこそ、心のこもったお付き合いを。

入院の知らせを受けたら、まず、電話で家族にお見舞いのことばを伝えます。入院した本人に、携帯などからメールを送る人もいますが、家族に電話をかけるのが〝大人〟のマナーです。すぐに駆けつけたい気持ちはあるでしょうが、それは病状が安定してから。重篤な症状でなくても、入院直後であわただしかったり、本人が面会を望まなかったりする場合もあります。電話で容態を確認し、かならず家族の了解を得てから、病院に向かうようにしましょう。

入院している人や家族は、同室の患者や病院のスタッフの目を気にします。服装は、清潔感のあるもので、落ちついた色のシャツやジャケットを選びます。スーツでもかまいませんが、ネクタイの色や柄が派手すぎないか、注意しましょう。入退室や病院のスタッフと目が合った際は、軽くおじぎをすると、印象がぐっとよくなります。

お見舞い時間は、15～30分くらいが目安です。親しい人であればあるほど、積もる話でつい長居してしまいがちですが、なによりも安静が第一ですから、引き際を心得ましょう。それに、同室の患者さんに迷惑をかけないことや、検査や食事など、病院側のスケジュールを優先することを忘れてはいけません。

次のお見舞い客がきたときは、たとえ自分のお見舞い時間が短くても、早々にあいさつをして帰りましょう。

あまり大勢で押しかけて騒がしくしないこと、同室の患者さんに「お大事に」とあいさつをすることなど、まわりへの心遣いも忘れないようにしましょう。

お見舞い金を渡す場合、表書きは、「御見舞」あるいは「祈御全快」と書きます。

火事見舞いや災害見舞いの場合は、「火事御見舞」「災害御見舞」と書きましょう。

お見舞い金を包む袋は、本来、赤白の水引とのしのついたものでもよいのですが、「病気をのばす」ということで、のしのない祝儀袋を使うようになっています。袋の左端に線が入っているものはカジュアル（略式）になるので、目上の人にはきちんとしたものを使いましょう。

火事見舞いや災害見舞いの場合は、白無地袋が好まれます。金額は、5000～1万円程度が一般的です。「死」や「苦」を連想させるため、忌み数字とされる「四」「九」の数字を避けた金額にしましょう。品物を贈る場合は、困っているものがないか聞いて、それを贈ります。

お見舞いの品は、花や果物、お菓子など、入院生活に彩りを添えるものが定番です。食べ物の場合は、好き嫌いや食事制限があるので、家族に問い合わせてから選びましょう。付きそっている家族への食べ物の差し入れも、よろこばれることが多いです。そのほか、退屈な入院生活の気晴らし用に、本やCDなどもおすすめです。

◆お見舞いされた側は、お返しに「快気内祝」とお礼をする

無事退院したら、あまり遅くならないタイミングで、お見舞いをいただいた人にお返しの「快気内祝」を贈ります。お見舞いの3分の1～半額程度の品で、お菓子や調味料など、食べ物を贈るのが一般的です。

表書きは、「快気内祝」「内祝」と書き、赤白の結び切りの水引とのしをかけて贈り

ます。退院はしたものの、快気とはいえない場合は、「御見舞御礼」とします。

金品ではなく、電話や手紙のお見舞いをいただくこともあります。そうした人には、お返しの品は不要ですが、礼状を出しておきましょう。

また、退院するとき、お世話になった医師や看護師に、お礼をしたいこともあるでしょう。その場合は、現金や商品券などは避け、個包装のお菓子や飲み物など、皆で分けられるものがおすすめです。ただ最近は、お礼を受け取らない病院もふえています。断わられたら、相手の意志を尊重して持ち帰るのがマナーです。

男の教養コラム

見舞えないなら「お見舞い状」を

お見舞い状は、時候のあいさつなどの前文をはぶき、主文から書きはじめてかまいません。病気やけがを知ったおどろきや心配を伝え、いたわりやなぐさめのことばを簡潔に続け、最後に快復を祈ることばで結びます。「早期快復を」など一方的な励ましは避け、「ゆっくりご静養ください」などゆるやかなことばを選びましょう。

土産物の贈りかた

「あの人にはなにを?」と相手の顔を思い浮かべて選びましょう。

出張や旅行先でのお土産選びは、選ぶ側も楽しいものです。自分の趣味をおしつけず、相手の立場になって考えるのが、大人のお土産選びです。相手の好みや年齢、家族構成などで、ふさわしい品物は変わりますので、セレクトに自信のない場合は、選ぶのに長《た》けた人の意見を聞いておくとスムーズです。

大家族や会社の部署に贈る場合は、お菓子や飲み物のセットなど、ある程度の量を意識しましょう。少人数や高齢者の場合は、量より質を重視し、保存の利《き》く個包装のお菓子やお茶・お酒などがいいでしょう。

とくに気をつけたいのが、生鮮食品です。鮮度が重要ですから、まず留守でないか確認してから配送日を指定するようにしましょう。**その土地の民芸品や置物など、置き場所に困るようなものは、よほど親しい間柄でないかぎり、避けたほうが無難です。**

生鮮食品や土地の民芸品以外にも、贈られて困ったり、気分を害したりするおそれのある品があります。慣例や縁起を重んじる年配者や目上の人に対しては、とくに注意を払いましょう。

古くから、「慶事には奇数」「弔事には偶数」という習わしがありますが、土産物の個数に、あまり気を遣わなくていいでしょう。また「四」と「九」に関する物は、「死」「苦」を連想するとして避けるのが一般的です。櫛《くし》などが、これにあたります。

年配者には大きなものや重いもの、若い人には高価なものを贈るのも、相手にとって負担になるので避けましょう。

男の教養コラム

もともと神社のお札だった「土産」

「土産」は文字通り、土地の特産品を意味することばでした。それとは別に、「みやげ」は本来は「宮笥」といい、江戸時代に宮＝神社にお参りした際に持ち帰ったお札のことを意味しており、その二つが合わさり「土産＝みやげ」になったとされます。門前町に土産物屋が多いのは、江戸時代の神社参拝ブームからのようです。

花の贈りかた

シーンによって贈る花の種類が変わるので気をつけましょう。

日本の慶事や弔事に、花は欠かせません。現代では、発表会やパーティーなど、晴れ舞台への手土産としても重宝されています。大切なのは、相手を思う気持ちですが、シーンに合った花選びをするのが大人の作法と心得ましょう。

慶事には、白い和菊やユリは避け、暖色のバラやガーベラ、マーガレットなどを選びましょう。逆に、葬儀や法要などの弔事では、カラフルな花やバラ、花が落ちやすい椿は避け、白い和菊やユリ、カーネーションなどでまとめましょう。

お見舞いの花は、注意が必要です。まず、花が落ちる椿や、「根付く＝寝付く」を連想させる鉢植え、ドライフラワーはタブーとされます。そのほか、ユリやフリージアなどの香りの強い花、チューリップやアジサイなどの開きやすい花や枯れやすい花も敬遠されます。**手入れの苦手な人には、花束ではなく、かご入りのアレンジメント**

などがいいでしょう。

新居祝いの鉢植えは、新居のインテリアに合いそうな、陶器の鉢を選ぶとおしゃれです。ただし、火事を連想させる赤い花は避けましょう。

還暦を象徴するのは、赤いバラです。それを年齢の数、60本をまとめた花束は、値段は張りますが、ボリュームが感じられ、華やかでよろこばれます。

妻や子ども、両親の誕生日などに花を贈るのも、素敵な習慣です。家族へのお祝いは、花のボリュームを気にする必要はありません。たとえ一輪でも、プレゼントなどに添えると、雰囲気が華やぎます。

男の教養コラム

女性と歩くときはどこに立つ？

歩道を女性と並んで歩くとき、男性が立つのは車道側。エスカレーターや階段は、上りは後ろ、下りは前が男性のポジションです。つねに女性を守る位置、とおぼえましょう。荷物を女性に持たせるのもNGです。買い物袋でも、贈った花束でも、いっしょに歩くときは、男性が女性とは反対側の手に持つようにします。

祝儀・不祝儀の作法

「のし」や「水引」、「袋」の意味と種類をおぼえましょう。

かつての日本には、贈り物を汚さないために、和紙で包み、ひもで結ぶ習慣がありました。現代では、お金を包むための、あらかじめのし（長六角形の飾り）と水引がついた「のし袋」や、それらが印刷された「のし紙」を使うのが一般的です。それぞれ種類がありますが、本来の意味や由来を知れば、まちがうこともないでしょう。

贈り物には、「かけ紙」をするのが基本です。一般的なかけ紙として、この「のし」や水引が印刷されている「のし紙」が使われます。

「のし」はもともと、贈り物の際に干したあわびを添えた「のしあわび」の習慣から生まれました。そのため、魚介類や肉類など、生ものを贈る際は、のしは不要です。

弔事やお見舞いの品にも、のしはつけません。

生ものの贈答や弔事の際は、水引のみが印刷されたかけ紙を用います。包装紙の上

●水引の「蝶結び」と「結び切り」

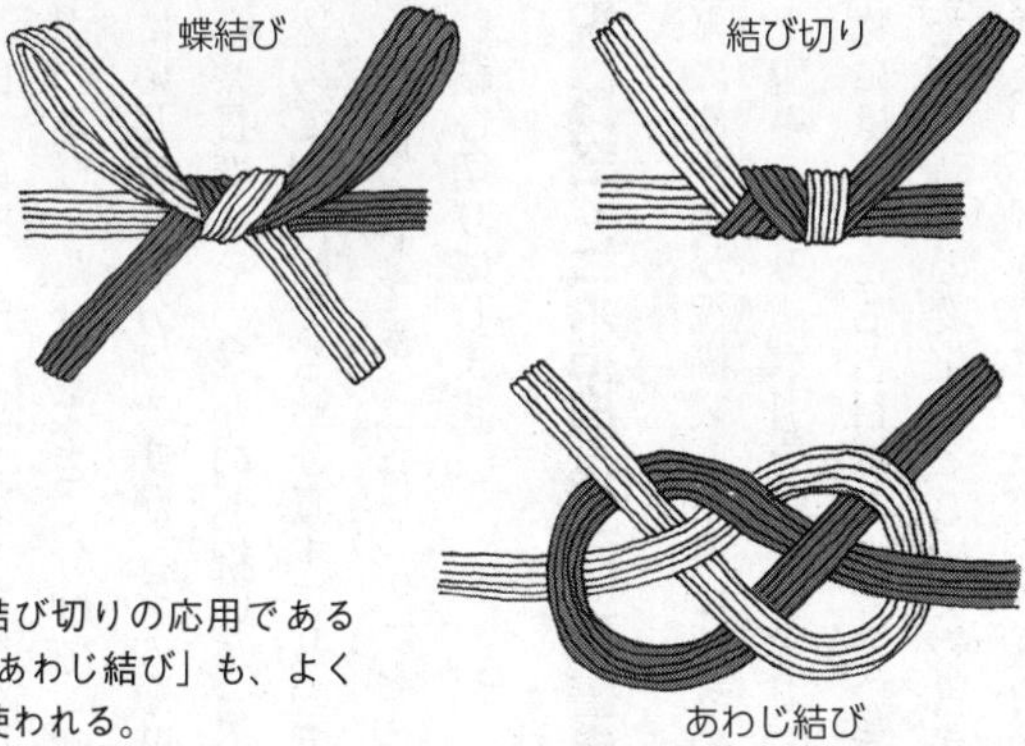

結び切りの応用である「あわじ結び」も、よく使われる。

からかける「外のし」と、品物にかけてから包装紙で包む「内のし」がありますが、どちらでもかまいません。

「水引」はもともと、贈り物の包みを結びとめておくために用いられていました。日本には、魂を結び入れる「結び」の信仰があり、物を結ぶときには魂を込めると考えていました。水引を結んで贈るのは、魂が宿ったものを贈るということだったのです。

水引は、慶弔を問わずかけるものです。5本のものが定番ですが、本来は、慶事なら奇数、弔事なら偶数を使います。色は、慶事なら赤白や赤金、金銀、弔事なら黒白や青白、黄白、白、銀といった色を用います。

水引の結びかたは、大きく分けて「蝶結び」と「結び切り」の2種類があります。目的に応じて使い分けますが、その意味も合わせて知っておきましょう。

出産や長寿、そのほかのお祝いごと全般には、「なんどでもお祝いしたい」との願いを込めて、何回でも結び直すことのできる蝶結びにします。弔事や結婚、お見舞いには、「一度きりであってほしい」との願いを込めて、端を引っぱっても解《ほど》けることのない結び切りにします。

◆「祝儀袋」と「不祝儀袋」は表書きに注意

慶事に使うのが祝儀袋、弔事に使うのが不祝儀袋です。いずれも現金を中包みに入れ、上包みで包み、水引をかけ、水引の上中央に「表書き」、下段に氏名を書きます。贈り物には、もともと目録をつけていました。そのため、表にはなにも書かないものでしたが、時代の変化とともに、表書きをするようになりました。

祝儀袋や不祝儀袋に、表書きや氏名を書く際は、毛筆または筆ペンを用いて、楷書《かいしょ》で書きます。「寿」は「壽」、「御礼」は「御禮」というように、旧字体で書くと、よりていねいな印象になります。「御結婚祝」や「祝御結婚」など、四文字が気になる場合は、「御結婚御祝」としましょう。**慶事には濃い墨、弔事には薄い墨を用いますが、現代ではそれほどこだわらなくていいでしょう。**

ご祝儀や心づけが5000円など1万円以下なら、のしや水引が印刷された袋でかまいません。結婚式や葬儀などで、1万円以上包むような場合は、印刷ではなく本物ののしと水引がついた袋のほうがふさわしいでしょう。印刷された袋は、あくまでも略式のものとおぼえておきましょう。

慶事のご祝儀には、1万、3万、5万といった奇数がおめでたい数字として好まれます。偶数、とくに4万は「死」につながるので敬遠されます。偶数でも例外的に、8万は末広がりでよいとされます。

以前は弔事に新札を入れるのは、「前もって用意してきたよう」ということでタブーとされましたが、現在はそれほどこだわらなくなりました。不祝儀に新札を入れるのがためらわれる人は、軽く折り目をつけるといいでしょう。

大人の男の知っ得コラム

「粗品」「寸志」は失礼？

水引の上中央に書く「表書き」は、贈る目的をあらわすことばを書きましょう。

「粗品」はへりくだった表現ですが、大事なあいさつというよりは、ちょっとした贈り物にふさわしいものです。

「寸志」には「わずかな」「心ばかりの」との意味がありますが、基本的に、目上の人から目下の人へ贈る場合に使います。目上の人には、「松の葉」「花一重」などと書きます。

贈り物全般	粗品、松の葉、花一重
あいさつ	御挨拶、御伺
お祝い	御祝、寿（壽）
お礼	御礼、謝礼、謹謝、御祝儀
餞別	御餞別、御贐
目上の人への贈り物	謹呈、献呈、献上
神仏への供え物	御供物、御供、奉納、献上
お祝い返し	内祝

パート2

接待・訪問

西洋料理のいただきかた

フルコースをスマートにいただいてこそ、紳士というもの。

レストランに行くとなると、テーブルマナーばかりに気を遣う人がいますが、まず心がけたいのは「レディーファースト」です。お店のドアは男性が開けて、女性が先に入ります。大人の男として、席に着いたらイスを引く、ワインを注ぐなど、女性を優先するふるまいが「自然に」できるようになりましょう。

壁側のソファ席と通路側のイス席があるテーブルでは、男性は通路側のイス席に座ります。座るときは、左側からイスの正面に入り、深めに腰かけます。手は軽く握って、テーブルの上に出しておきます。これは、もともと武器を持っていないという意思表示だったといわれています。

服装については、4つのポイントを押さえましょう。それは、「革靴」「スラックス」「襟《えり》つきシャツ」「ジャケット」です。これさえきちんとしていれば、たいていのお店は大丈夫です。若い人は、スニーカーやブーツを履いたり、ジャケットの下に襟のないシャツを着たりしていることが多いので、気をつけましょう。

西洋料理には、大別して「フルコース」と「アラカルト」のふた通りがあります。ドリンクやメニューについてわからないことは、時間をかけて悩むより、サービス係に聞くほうがスマートです。

ナプキンは、着席してすぐには広げません。オーダーを終えたときか、最初の料理が運ばれる直前に、ふたつ折りにして膝《ひざ》の上に置きましょう。パスタを食べるときなど、食べ物の飛びはねが気になるなら、首から下げてもかまいません。

フルコースの場合は、あらかじめ皿やグラスなどの食器と、ナイフ、フォーク、スプーンなどのカトラリーがテーブルにセットされており、食べ終わった順に下げられます。自分で好みの料理を選ぶアラカルトの場合は、カトラリーも料理ごとに運ばれてきます。

ナイフとスプーンは、それぞれ外側から順番に使うのが基本ですが、順番をまちがえても、あわてる必要はありません。足りなくなった分は、ウエイターが補充してくれます。カトラリーを床に落としても、あわてて自分で拾うのはマナー違反です。そっと手を挙げてウエイターを呼び、新しいものに取り換えてもらいましょう。「すみません」などと声を出して呼ばないよう、落ち着いたふるまいを心がけましょう。

◆乾杯でもグラスは合わせずに持ち上げるだけ

フルコースでは、前菜の次に、スープが出てきます。前菜が出てくる前かスープの前後にパンが出されますが、このパンは、デザートが出るまでのあいだいつでも食べてよいとされています。パンは丸かじりせず、一口サイズに手でちぎって食べるのがマナーです。余った料理のソースをパンにつけて食べてもかまいません。

西洋料理をいただくときの大原則は、「音を立てないこと」です。カトラリーをカチャカチャさせないことはもちろん、スープをすする音も厳禁なので、汁物はすすらず飲み込みます。日本では乾杯でグラスを合わせることが多いですが、シャンパングラスやワイングラスは持ち上げるだけで、合わせないようにしましょう。

「皿を動かさないこと」も、マナーのひとつ。日本ではお茶碗を持って食べますが、西洋料理ではセットされた位置で、そのままいただくのが基本です。持ち上げてもよいのは、持ち手のついたカップスープくらいです。グラス類も、ドリンクを注がれる際は持ち上げず、テーブルに置いたままにしましょう。

食事の途中でいったんナイフとフォークを置く場合は、ナイフの刃を内側に、フォークの背を上にして、「ハ」の字型で皿の上に置きます。柄の先は、テーブルにつかないようにしましょう。食事を終えたら、ナイフの刃を内側に、フォークの背を下にしてそろえて皿の上に置きます。これが、ごちそうさまのサインになります。

手や口元が汚れたときは、ふたつ折りにしたナプキンの内側でふくようにしましょう。こうすると、汚れが外から見えません。食事の途中で中座する際は、イスの座面の上に置きます。背もたれにかけるのもＯＫですが、肘掛けにかけるのは、ＮＧです。席を立つのは、メニューを決めた直後か、デザートの前にしましょう。

食事を終えて退席する際は、テーブルの左側、コーヒーカップなどの横にナプキンを置きます。**きれいに折り畳んで置くのは、おいしくなかったというサインなので、軽くたたみ、そっと置いて、席を離れましょう。**帰りもレディーファーストを忘れずに。

日本料理のいただきかた

美しさが重んじられる和食の作法。「持ちかた」に気をつけて！

日本料理は、おもに「本膳料理」「懐石料理」「会席料理」に大別されます。

本膳料理は、もっとも伝統的なもので、本膳から五の膳まで、すべての膳が一度に並べられます。今でも、宮中の儀式や冠婚葬祭などで出されることがあります。

懐石料理は、お茶をおいしくいただくために考え出されたものです。一汁三菜を基本に、一品ずつ料理が運ばれます。

懐石料理をもとに、江戸時代に酒宴向けの料理として普及したのが会席料理です。すべての料理が一度に並べられる場合と、一品ずつ運ばれる場合とがあります。一品ずつ運ばれる場合は、①先付《さきづけ》（前菜）→②吸い物→③お造り（刺身）→④焼き物→⑤炊き合わせ（煮物）→⑥揚げ物→⑦蒸し物→⑧酢の物→⑨ご飯・汁物・香の物→⑩水菓子（果物）、という順番になります。

まず気をつけたいのが、「箸使い」です。2本の箸を握り込む「握り箸」、薬指を使わない「ペン箸」、人指し指を使わない「人指し箸」、箸先が交差する「交差箸」は、どれも箸が十分に機能しないアンバランスな持ちかたです。下の箸は固定して上の箸を動かすことのできる、正しい箸の持ちかたを身につけましょう。

いただきはじめは、右手で箸を上からつまみ、左手を下から添え、右手をすべらせて箸を持つのが作法です。割り箸の場合は、箸を横にして扇を開くように割ります。割った面をこすりあわせてささくれを落とすのは、みっともないのでやめましょう。

箸を置くときは、皿や椀の上ではなく、かならず箸置きに右手で置くようにします。箸置きがない場合は、箸袋を千代結びに折るなどして箸置きの代わりにするか、膳の左ふちにかけて置きます。

器の持ちかたにも、気をくばりましょう。お造りの大皿や焼き魚の平皿、丼など大きな器は、膳に置いたままにします。**茶碗や汁椀、小鉢、小皿など、小さめの器は、手に持っていただきます。**丼を持ってかきこむのは男らしい、などと思っていたらはずかしい思いをしてしまいます。

器を持つときは、いちど箸を置き、両手で器を持ち上げます。それから左手のみに器を持ち替え、右手で箸を取り上げ、箸の先のほうを左手の小指か中指にはさんで持ち直します。器と箸を同時に取り上げる（諸起《もろお》こし）のはNGです。

お酌をされたり、ごはんをよそわれたりした際も、そのまま口に運ばず「いったん膳に置く」ことが日本料理の美徳とされます。

箸使いの無作法は、諸起こし以外にもたくさんあります。左ページの表なども参考に、大人の箸マナーを身につけましょう。

◆きれいな盛りつけは、手前から食べる

食べる順序に悩むことも、よくあります。日本料理では、盛りつけの美しさが重んじられます。よって、盛りつけを崩さないよう、手前の料理から少量ずついただくようにします。遠くに器を置いたまま食べるときは、手皿は無作法なので、汁物のフタを持って食べると汚す心配がありません。

●たくさんある箸使いのタブー

あげ箸	口より上に箸を上げること
逆さ箸	箸を逆に持って料理を取り分けること。取り箸を使う
そら箸	いったん箸をつけた食べ物を、食べようと思ってやめること
込み箸	口いっぱいに食べ物をほおばり、箸で押し込むこと
探り箸	料理に箸をつっ込んで食べ物を探ること
刺し箸	食べ物を箸で突き刺すこと。つかみにくいものは箸で切ってから運ぶ
指し箸	人や物に箸先を向けること
ちぎり箸	箸を１本ずつ両手に持って食べ物をちぎること
涙箸	煮物の汁などを垂らしながら箸で運ぶこと。汁気をよく切るか、左手で持った器で受ける
握り箸	箸を握り込んで持つこと
ねぶり箸	箸先をなめること
拾い箸（箸渡し）	箸から箸へと食べ物を渡すこと（火葬場でのお骨《こつ》拾いを連想させるため）
振り箸	箸先についた汁を振って落とすこと
迷い箸	どれにしようかと箸をうろうろさせること
もぎ箸	箸についた米粒などを口でもぎとること
諸起こし	箸と器を同時に取り上げること
寄せ箸	器を箸で引き寄せること
渡し箸	箸を器に渡して置くこと

込み箸やもぎ箸は、男性がよくしがちな無作法なので注意する。

中国料理のいただきかた

円卓を囲んで楽しむ中国料理にも、独特のルールがあります。

中国料理は通常、円卓に大皿の料理が出され、各自で取り分けます（円卓の席次は105ページ参照）。はじめに料理を取り分けるのは、主賓です。その後、回転卓を回して各自が取り分けていきます。

取り分ける際には、マナーがあります。回転卓は、時計回りに動かします。全員に料理が行きわたるよう、とる量には気を配りましょう。ほかの人が料理をとっているときに回転卓を回すのは、もちろんNG。ビール瓶や使用済みのグラス、取り皿などを卓に載せるのも同様です。卓から取り箸やサーバーをはみ出させないこと、立ち上がって遠くの料理や調味料をとらないことも作法です。

中国料理では、取り皿は使い回さず、料理ごとに新しい皿に代えます。取り皿にとった料理を残すのは、不作法とされるので、食べ切れる量だけ、取り分けましょう。

なお、取り皿は手で持たないのが中国流です。日本人は、小皿を手に持つ習慣があるので、注意が必要です。持ち上げていいのは、箸とれんげ、グラス、湯飲みだけ。取り分けるときも、食べるときも、小皿はテーブルに置いたままにしましょう。麺類を食べる際は、左手に持ったれんげに麺を乗せ、一口ずつ口に運ぶのが正式です。

親切心のつもりで人の分まで取り分けてしまうのも、中国料理ではマナー違反です。ただし、高齢者や子どもなど、取り分けるのがたいへんな人には、ひとこと伝えてから取り分けてあげるか、ウエイターに取り分けをまかせましょう。

男の教養コラム

地域名で特徴がわかる中国料理

中国料理は、地域によって特色があります。北《ペ》京《キン》ダックやギョウザなど、炒め物や揚げ物中心で味が濃厚な北京料理、八宝菜や酢豚のほか、点心も豊富であっさり味の広東《カントン》料理、麻婆豆腐や担々麺など香辛料が強めの四川《シセン》料理、豚の角煮などの煮込みや蒸し物が中心でとろみが特徴の上海《シャンハイ》料理、と特徴がわかれば店選びで悩みません。

立食パーティーのふるまいかた

社交下手といわれる日本人。パーティーの苦手意識を克服しましょう。

パーティー会場での所作にこそ、その人の品格があらわれます。まわりから見られていることを常に意識して、大人のふるまいを心がけましょう。立食という性質上、大きい荷物はクロークに預け、両手を自由にすることが基本です。

立食パーティーの主目的は、「社交」です。**飲み食いばかりに没頭せず、「食事4割、会話6割」とおぼえておきましょう。**もちろん、仲間うちだけで盛りあがるのではなく、初対面の人にも積極的に話しかけたいものです。

社交的にふるまいたいものの、「なにを話せばいいか、わからない」という人も多いことでしょう。「おいしい料理ですね」「いいスピーチでしたね」など、あたりさわりのない話題で話しかけるのもひとつの手です。

会話が軌道に乗ったら、自己紹介を早めにしましょう。「はじめまして、わたくし、

○○○○と申します」と、シンプルに名乗ればOKです。プライベートなパーティーなら、名刺は不要ですが、ビジネス関連のパーティーなら「△△商事の○○です」と社名を告げ、名刺交換に移るのが一般的です。

異業種交流会などでは、自分を売り込むことに熱心なあまり、食事や会話そっちのけで「あいさつ↓名刺交換↓自己PR」をえんえんとくり返し、戦利品のように名刺の束を持ち帰る人もいるようです。残念ながら、これではほかの参加者によい印象をあたえられません。詮索しすぎるのは失礼ですが、相手を尊重し、話を聞く姿勢を心がけましょう。

欧米でよくいわれるのが、「政治や宗教の話はNG」ということ。時事的な話題などは賛否両論ですので、一方的な主張は抑え目にしましょう。他人の悪口や噂話は厳禁。話の輪に加わっているだけで「陰口グループ」の一員とみなされてしまうおそれもあるので、要注意です。同様に、料理やお店の批判も慎みましょう。

会場では、大勢の人が料理や飲み物を持ちながら動いています。ふとしたはずみでぶつかってしまう危険もあります。せわしなく動き回ったり、大きな身ぶり手ぶりは粗相のもと。周囲に目を配り、ゆったりと動くことを心がけましょう。脇を締め、歩幅を狭めるよう意識すれば、粗相はへるでしょう。

料理テーブルの前や出入り口付近など、人の邪魔になる場所で立ち止まって飲み食いすることも避けましょう。

◆料理テーブルは、参加者全員のもの。欲張りは禁物

料理テーブルには、一般的にオードブル、メインディッシュ、デザートの順に時計回りに大皿が並んでいます。コース料理と同じ要領で、食べたいものを一皿ずつ盛りつけていただきましょう。

基本的に、食べている最中は、皿をテーブルには置きません。食べ終わったらサイドテーブルに置くか、ウエイターに渡すのがルールです。会話中やスピーチの最中などであれば、食べかけの皿をいったんテーブルに置いてもかまいません。

ドリンクは、ドリンクバーで注文するか、ドリンクを持ったウエイターから直接受け取ります。右手にグラス、左手に取り皿を持つと、両手がふさがってしまいます。

左手で取り皿とグラス、カトラリーをまとめて持てるようになると、よりスマートにふるまえます。

欲張って山盛りにしたり、両手に皿を持ったりしているのはたいへん見苦しく、とても大人のふるまいとはいえません。

一皿に盛る料理は、オードブルでも多くて3品まで、ソースのかかった料理は1品だけ、温かい物と冷たい物をいっしょに載せない、などもおぼえておきましょう。

また、イスは参加人数より少ない場合がほとんどです。荷物を置いて場所とりをしたり、長時間占拠したりすることのないよう気を配りましょう。

男の教養コラム

シャンパンは味わう？　飲み干す？

パーティーでよく飲まれるシャンパンのグラスには、背の高い「フリュート型」と、背が低く口の広い「ソーサ型」があります。シャンパンタワーなどにも使われるソーサ型は、乾杯用で、一気に飲み干すのがマナーです。また、グラスに巻かれている紙ナプキンは、取り外してもかまいませんが、ポイ捨てはＮＧです。

宴会・接待の幹事の作法

ご機嫌取りにならずに、参加者全員に目を配りましょう。

忘年会や新年会、歓送迎会、親睦会、そして接待と、なにかと「飲みニュケーション」が重んじられるのは、日本社会の特徴です。飲み会の好き嫌いにかかわらず、幹事をスムーズにこなせるようになれば、上司のおぼえがよくなり、部下からはしたわれ、取引先にも一目置かれることでしょう。

メンバーと日程が決まったら、「店のジャンル・雰囲気」「コースかアラカルトか」「飲み放題や時間制限の有無」「予算」などを考慮して、お店と内容を絞りこみます。お店は、可能であれば、下見をしてから決めましょう。道順のわかりやすさ、店内の明るさ、BGM、客層など、インターネットの情報だけでは、わからないこともあるからです。他人の評判を鵜《う》呑《の》みにして臨むのは危険です。

最近は、「一次会で終了」ということが多いですが、念のため、二次会のセッティングまで想定しておきましょう。より少人数で、落ち着けるバーなどを選びます。

当日は、宴会の開始からお開きまで、ある程度のタイムスケジュールを意識しましょう。途中から参加・退席する人が気まずくないよう、気持ちよく送り迎えするのも幹事の役割です。

儀礼的な意味合いの薄い、通常の宴会では、きっちりと席次を決めない場合がほとんどです。ただし、特定の仲よしグループがかたまったり、逆に仲の悪い同士がとなり合わせたりするのは、トラブルのもと。下座のあたりで参加者を迎え、席に案内するといいでしょう。

大切なのは、参加している一人ひとりに目を配ることです。上司や取引先の機嫌をとるだけではなく、お酒の飲めない人が困っていないか、気分の悪そうな人はいないかなど、その場にいる全員を心地よくもてなしてこそ名幹事です。

自分ひとりでもてなしきれないと思ったら、盛りあげ役は別の若手などにお願いし、自身はフォロー役に徹する「二段がまえ作戦」もひとつの手です。手伝ってくれた若手には、後日、昼食をごちそうするなどして、労をねぎらいましょう。

バーの作法

夜の行きつけの店でこそ、大人の男の真価が問われます。

大人の男たるもの、「お酒はいつも居酒屋」ではさびしいかぎり。ふだんお酒を飲まない人でも、少人数で落ち着けるバーを知っておけば、社交に役立ちます。

バーは酒場であると同時に、じっくりと会話を交わす「社交場」としての機能もあります。ビジネスでもプライベートでも、大事な相手と心置きなく話す場として、じょうずにバーを活用しましょう。服装は、西洋料理のときと同じく、「革靴」「スラックス」「襟《えり》つきシャツ」「ジャケット」の4点を押さえていれば、問題ありません。

一般的なバーでは、カウンター席とテーブル席があります。ふたり以下だったり、店の雰囲気を楽しみたかったりするときは、カウンターがおすすめです。

メニューのないバーでは、棚のボトルをメニュー代わりにオーダーします。注文に迷ったら、バーテンダーに相談しましょう。その際、口あたりやアルコール度数など、自分の好みを伝えておくと安心です。飲めない人でも、ノンアルコールカクテルを注文できます。

会計は、自分が相手をもてなす場合、いかにその姿を見せないかがポイントです。トイレに行くタイミングで払うのがスマートですが、もし融通の利く店でしたら、後日請求書を送ってもらうよう頼むのも、上級者のやりかたです。そんな機転を利かせられる店を何軒か押さえておくのも、大人の酒のたしなみかたです。

もちろん、会計時に「ここはわたしが」「いいえわたしが」などとやり合うのはみっともないものです。

男の教養コラム

注文は男性がするのがマナー

レストランでもバーでも、男女がいっしょのときは、男性がまとめて注文をするのがマナーです。お酒は、バーテンダーがベストの状態で出してくれますから、いい状態のうちに飲みましょう。ショートは15分程度、ロングは氷が溶けきらない程度が目安です。カウンターに並んだお酒のボトルに、勝手に触るのはＮＧです。

お酒の知識と作法

社交の場に欠かせないお酒。種類や飲みかたをおぼえましょう。

緊張をほぐし、会話のきっかけにもなるお酒は、まさに社交の潤滑油。飲めない人でも、種類や作法を知っておいて損はありません。原料や製造法から、穀物や果実などを発酵させてつくる「醸造酒」、醸造酒をさらに蒸留してアルコール度数を高めた「蒸留酒」、醸造酒や蒸留酒に果汁などを添加した「混成酒」に、大きく分類されます。

醸造酒の代表が、ビールとワイン、日本酒です。

ビールは「麦酒」と書くように、麦からつくる醸造酒です。アルコール度数が5％と、お酒のなかでは低いほうで、炭酸が含まれているため、飲みやすいのが特徴です。

宴会などで瓶ビールを注ぐときは、右手で瓶のラベルを上から持ち、注ぎ口の近くに左手を添えてテコのようにしてお酌をすると、じょうずに注げます。このとき、ラベルが上側にくるようにしましょう。いただくときは、右手でグラスの下部分を持ち、左手は底に添えて注いでもらいましょう。

ワインは「葡萄酒」と書くように、ブドウからつくる醸造酒です。炭酸ガスを残さないものを「スティル（「静かな」の意味）・ワイン」といい、食事のときによく飲まれるので、「テーブル・ワイン」とも呼ばれます。炭酸ガスを閉じ込めたワインは、「スパークリング・ワイン」といい、フランスのシャンパンが有名です。

テーブル・ワインには、黒ブドウを使って皮や種もいっしょに発酵させた「赤ワイン」や、白ブドウを使って皮や種はとりのぞいて発酵させた「白ワイン」などの種類があります。ワインを立てておくと、コルクが乾燥して弾力性がなくなったり、縮んだりしてしまいます。そこで、ワインは横に倒して保管されます。ワインの注ぎかたは、ビール瓶と同じです。**注いでもらうときは、グラスはテーブルに置いたままで、触れないようにしましょう。**

日本酒は、米からつくる醸造酒です。発酵後にこして、かす部分をとりのぞいているのが特徴です。吟味して醸造することを「吟醸《ぎんじょう》」といい、吟醸酒は、よりていねいに精米した白米に米麹《こめこうじ》と水を加え、低温でゆっくり発酵させ、かす部分を多くとりのぞくなど、手間暇をかけてつくられたお酒です。

吟醸と大吟醸は、精米の歩合がちがいます。吟醸酒が玄米の表層部を40％以上削った精米歩合60％以下の白米を使うのに対し、大吟醸酒は、玄米の表層部を50％以上削った精米歩合50％以下の白米を使っています。


温めた日本酒をよく「あつ燗《かん》」といいますが、厳密には、あつ燗は50℃近辺の温度の呼びかたです。30℃近辺は「日向《ひなた》燗」、35℃近辺は「人肌燗」、40℃近辺は「ぬる燗」、45℃近辺は「上燗」、55℃以上は「飛びきり燗」と、燗にも種類があるのです。

徳利《とっくり》で注ぐときは、右手で胴部分を持ち、左手は下側に添えましょう。あつ燗の場合は、右手で徳利の首部分を持ち、左手はタオルなどを底部分に添えて注ぎます。

◆アルコール度数の高い蒸留酒

蒸留酒の代表は、ウイスキーとブランデー、そして焼酎です。

ウイスキーには、麦芽からつくる「モルトウイスキー」と、とうもろこしなどの穀類からつくる「グレーンウイスキー」があります。単一の蒸留所のモルト原酒だけでつくられたものを「シングルモルトウイスキー」といい、モルトとグレーンをブレンドしてつくられたものを「ブレンデッドウイスキー」といいます。

ウイスキーは、飲みかたが豊富です。そのまま飲む「ストレート」、大きめの氷を入れたグラスに注ぐ「オン・ザ・ロックス」、ほかにも「水割り」や、炭酸水で割る「ハイボール」、「ハーフロック」など、好みに合わせて飲みましょう。

ブランデーは、発酵を終えた白ワインを蒸留してつくるお酒です。ラベルによくある、「V・S・O・P」とは、Very（とても）Superior（優良な）Old（古い）Pale（澄んだ琥珀色）の略ですが、国際基準などではありません。

焼酎は、蒸留方法のちがいで、「甲類」と「乙類」に分かれます。連続式の蒸留器で蒸留され、アルコール分が36度未満のものが甲類、単式の蒸留器で蒸留され、アルコール分が45度以下のものが乙類です。乙類は、原材料によって、芋焼酎や麦焼酎、米焼酎などの種類があります。また、沖縄県特産の焼酎は、「泡盛」と呼ばれます。

混成酒の代表は、梅酒やリキュールですが、醸造酒と蒸留酒を押さえておけば、大人の知識としては十分でしょう。

コーヒー・紅茶・中国茶のいただきかた

気軽に楽しめるお茶類ですが、作法を知るとより味わいが深まります。

通常、「ちょっとお茶でも」といって飲むのはコーヒーか紅茶です。大人の男として、このふたつの飲みかたは、ぜひ洗練させておきたいものです。

コーヒーと紅茶は、いずれもカップとソーサー（カップ下の受け皿）にスプーンを添えてふるまわれます。砂糖やレモンを入れる場合は、ポチャンとはねないようにスプーンで静かに入れ、カチャカチャと音を立てないよう静かに搔き混ぜましょう。レモンは入れっぱなしにせず、取り出します。搔き回したあと、水面すれすれでスプーンを止め、サッと引き上げると水滴がまったくつきません。**混ぜ終わったスプーンは、カップの向こう側に置くのがマナーです。**なお、ソーサーごと胸元まで持ち上げる人がいますが、基本的にはやめましょう。立食スタイルのときは、ソーサーを左手に、カップを右手に持っていただきます。

中国茶を飲む機会もふえてきました。とくに、油を多用する中国料理には、ウーロン茶やジャスミン茶などが欠かせません。

中国茶は、ポットか急須《きゅうす》に入れてふるまわれます。中国料理店では、回転卓に載せて、各自が自由に注いで飲みます。基本的に料理は取り分けませんが、中国茶は人に注いでもよしとされます。お代わりしたいときは、ポットや急須のふたを半分ほどずらすと、そのサインになります。

ふたつきの茶碗に茶葉が入ったタイプの中国茶は、左手で茶托《ちゃたく》ごと持ち上げ、右手でふたを少しずらしながら、隙間《すきま》から茶葉をよけるようにしていただきましょう。

男の教養コラム

おいしさが変わる湯の温度

茶葉の種類によって、お湯の適温は異なります。一般に、香りの高いお茶は高温で、うまみのあるお茶は低温で入れるとよいとされます。紅茶や番茶、ほうじ茶は90～100℃、煎茶は70～80℃、玉露《ぎょくろ》は50～60℃が適温とされます。手で持ちやすいよう、高温のお茶は厚い湯のみ、低温のお茶は薄い湯のみで出すのも気遣いです。

茶会の作法

もし茶会に招かれたら？ 最低限の作法を予習しておきましょう。

正式な茶会に招かれる機会は少なくても、お茶の席での基本的なふるまいかたは、日本人としてマスターしておきたいものです。

注意したいのは、服装です。華美ではない控えめな装いが好まれますので、ダーク系のスーツが無難でしょう。着慣れていない人が、和装をする必要はありません。茶室には心身ともに清らかにして入ります。外から履いてきたもののままで入るのはNGです。白い靴下を持参して、入室前に履き替えましょう。

茶器を傷つけるおそれがあるため、時計や指輪などアクセサリー類はあらかじめ外しておきます。なお、懐《ふところ》に入れて携帯する紙を「懐紙《かいし》」といい、茶席では必需品ですので、これもぜひ持参しましょう。白懐紙で、にじみ止めのないものがおすすめです。スーツの胸ポケットに入れておきましょう。

抹茶には、全員分をひとつの茶碗で点《た》てる濃厚な「濃茶《こいちゃ》」と、一客ずつ点てる細かい泡立ちの「薄茶《うすちゃ》」があります。一般的なのは、薄茶です。亭主が茶を点てているあいだに、大皿で茶菓子がふるまわれるので、自分の分を懐紙に取り分け、黒文字《くろもじ》（楊枝）か、干菓子《ひがし》なら素手でいただきます。お茶を飲む前に食べきるのがマナーです。

続いて、薄茶がふるまわれます。畳のへりのなかに取り込んだら、次の人に「お先に」とあいさつし、点ててくれた人にややていねいなおじぎをします。茶碗を両手で持ち、時計回りに少し回して正面をずらします。一口で飲んではいけません。目安は三口半とされますが、何口かに分けて飲み干したら、飲み口の汚れを指でぬぐい、指先を懐紙でふきます。茶碗を反時計回りに回して正面を元に戻し、茶碗をじっくりと拝見したら、畳のへりの外側に置きます。茶碗は、形、土肌、絵柄など、すべてを鑑賞して、亭主の気持ちをくみとります。裏返して、高台まで見てかまいませんが、頭上に掲げないようにしましょう。

流派によって細かな作法は異なりますが、不安な人は、慣れた人の作法を見てまねるといいでしょう。

和室の作法

日本人は、畳の上で美しくふるまえてこそ、大人の男です。

　西洋式の生活が普及するのと同時に、和室ならではの立ち居ふるまいが急速に忘れ去られています。しかし、冠婚葬祭や接待、茶会など、まだまだ和室でのフォーマルな所作が求められる場面も少なくありません。

　最低限押さえておきたいポイントは、三つ。「目線を低めること」と、「足元を優雅に見せること」、「上座の相手に背を向けないこと」（上座の位置は１０４ページ参照）です。ここに気を配ると、ぐっと洗練された印象になります。

　では、日本家屋での基本的な動作を確認しましょう。まずは、立ちかたと歩きかたからです。背筋を伸ばし、軽くあごを引き、視線をやや下に向けます。脚は閉じ、腕は体側にそってまっすぐ下ろし、手は握らず広げず、自然な状態に。その状態からしずかに歩きはじめますが、足の裏を見せないよう、引きずらない程度の「すり足」を心がけます。腕は振らず、視線もきょろきょろと泳がさないようにしましょう。

続いて、座りかた。両足をいっぺんに折ってドカッと腰を下ろすのはNGです。片足を引いて片膝《ひざ》をついてから、もう片膝をつき、ゆっくりと正座の姿勢になります。立ち上がるときも、いきおいよくすっくと立つのではなく、座りかたと逆の順序で、両膝をついた「跪座《きざ》」の姿勢になったあと、片膝を立てて真っすぐ立ち上がります。

次は、和室に入ってからあいさつするまでの一連の流れです。ふすまを開けるときは、洋室のようにノックはせず、「失礼します」とひと声かけてから入ります。かならず座って開けます。開ける際になかをのぞき込むような素振りはせず、ふすまを開ける手元に視線を落としながら、片手でしずかに開けます。ふすまを閉める際は、上座の相手に背を向けないよう、からだの向きに注意しながら片手でしずかに閉めましょう。

そして、もっとも肝心な「おじぎ」です。**和室の場合、相手が座っているのに立ったままおじぎをするのは、見下しているような印象をあたえてしまいます。**座っておじぎをしましょう。正座した膝先の畳に手をつき、その指先あたりに視線を落としながら、上体をゆっくりと傾けます。おじぎの前に、「本日はお招きいただき、ありがとうございます」など、あいさつのことばを添えましょう。

◆座布団には勝手に座らない

和室でとくに気をつけたいのが、座布団のあつかいです。居酒屋などはともかく、接客の場での座布団は、最重要のアイテムです。足で「踏む」「動かす」などのぞんざいな行為は、慎みましょう。

座るタイミングですが、座布団があるからといって入室していきなり座ってはいけません。先に述べたあいさつは、座布団横の畳の上で行ないます。その後、相手から「どうぞお使いください」といわれてからはじめて座るようにしましょう。

座布団の上に立つのは、マナー違反です。座布団の横に正座した状態から、膝でにじり上がるように座布団の上に移動します。立ち上がる際も、同じように膝でにじり下りるようにします。跪座の姿勢で座布団に上がり下りする「膝行《しっこう》」「膝退《しったい》」は、和室ではひんぱんに行なわれる動作なので、ぜひマスターしましょう。

いずれにしても、座布団の上でおじぎをすることはありません。また、座布団を移動させる、裏返すなどの行為もマナー違反とされます。

座布団以外にも、気をつけたいことがあります。**敷居や畳のへりは補強してあるわけではなく、じつはもっとも傷みやすい部分です。**すり足で歩く際につまずく危険もあるので、踏まないよう心がけましょう。

和室で荷物を無神経に置くと、壁や畳を傷つけるおそれがあります。とくに、神さまを迎える場所でもある床の間を荷物置き場にするのは厳禁です。居酒屋での宴会でもないかぎり、持ち込む荷物は最小限に。かばんと貴重品、お土産以外は、玄関のじゃまにならないところに置きます。

足元にも、注意が必要です。日本家屋は靴を脱ぐのが基本ですので、真夏でも素足は避けましょう。あまり派手な靴下も、浮いて見えます。着脱に時間がかかることを考慮すると、ブーツもおすすめできません。

手みやげを渡す際は、机の上ではなく、畳の上で渡しましょう。その際、持参した紙袋や風呂敷からは、かならず出して渡しましょう。

電車・飛行機などでの作法

出張や旅行など、長距離移動の際も「席次」に気をつけましょう。

長時間の移動では、些細《ささい》なことがストレスにつながります。ちょっとした気遣いの有無が、その後の仕事の成否にもかかわってきます。

じょうずに案内したいのが、乗り物での席次です。

新幹線や飛行機など、横一列で並ぶ場合は、基本的には窓側が上座、通路側が二番手、そのあいだの席が下座となります。

ただ、上司やお客さまなど、目上の人が上座以外の席を望んだ場合は、そのかぎりではありません。**とくに、通路側の席は、お手洗いに行きやすいことから、好む人も多くいます。**通路側を希望されたときは、すみやかに席を替わりましょう。

窓側の席の人がお手洗いなどで席を立つときは、両足を引き寄せてスペースをつくることがあります。しかし、男性の場合、両足を寄せてもさほどスペースは生まれません。さっと席を立って、目上の人を通したほうがスムーズです。目上の人が席に戻ってきたときも同様に、立ち上がって通しましょう。

タクシーの場合は、運転席の真後ろが上座、そのとなりが二番手、助手席が下座となります。しかし、自家用車（オーナードライバー）の場合は、この通りではありません。タクシーでは下座だった助手席が、上座となるので、注意しましょう。

また、部下といっしょに移動する際は、部下もあなたの席次を気にしています。希望があれば早めに伝え、なければすすめられた席に座りましょう。

男の教養コラム

海外ではNGな日本の習慣①

アメリカの多くの州では、屋外での飲酒が禁止されています。ビーチで日光浴をしながらビールを飲んでいたら、罰金刑を受けることも。暑いからといって、イスラム教のモスクやヒンドゥー教系の寺院で、短パン・サンダル姿で参拝するのもひんしゅくものです。女性だけではなく、男性も肌の露出を控えるのがマナーです。

旅館・ホテルの作法

旅行中こそ「もてなされじょうず」な大人のふるまいを。

旅館とホテル、それぞれにおもてなしの流儀があります。大人の男は、「もてなされじょうず」です。客としてのマナーを、心得ておきましょう。

旅行は、宿の予約時からはじまっています。ホテルは24時間対応の場合が多いですが、旅館の場合はお昼や夕食時などの繁忙時、深夜などは避けて連絡したほうがいいでしょう。予算や部屋の希望、料理やお祝いのリクエストなど、できるかぎり予約時に明確に伝えたほうが、当日の流れがスムーズになります。

チェックインの時間は、開始時間より30分ほど遅れて到着したほうが、混雑を避けられます。旅館の場合は、到着時間より遅れそうなときは連絡を入れるようにしましょう。旅館は食事の時間が決まっているので、あまり遅れるのは迷惑となります。

旅館もホテルも共通のことですが、到着したら「客室係にまかせる」ことをおぼえ

ましょう。荷物運びなど、なんでも自分でやりたがる人がいますが、客室係は客をもてなすのが仕事。彼らにまかせてサービスを受けることこそ、大人の宿の楽しみかたです。とくに旅館の場合、キャスターつきのキャリーケースは、畳を傷める原因にもなりますので、係に預けるのが正解です。

サービスをまかせるのと同様に大事なのが、「旅館・ホテルは自分の家ではない」という意識です。部屋に入ると安心するためか、服をあちこちに脱ぎっぱなし、濡れたタオルを畳やベッドに無造作に置く、持ち込んだお酒やつまみを飲み食いしてゴミを散らかす……といった行為がよく見られます。宿の従業員に見られていることを忘れないようにしましょう。

「心づけ」は、なじみの薄い日本人にとっては、悩ましいところです。渡すタイミングは、旅館の場合、部屋に案内されてお茶を入れたころあいです。金額は、2000～5000円程度、ポチ袋に入れて渡すといいでしょう。どのスタッフに渡す、といった決まりはありません。もっとも、最近はサービス料に上乗せされている場合も多いので、無理して用意しなくてもよいでしょう。

海外のホテルでは、チップは「心づけ」ではなく「払う」ものです。荷物を運ぶベルボーイには1個につき1〜2ドル、ドアマンやタクシー手配には1〜2ドル、ルームサービスには食事の到着時に2〜3ドルを渡しましょう。客室係へのチップを、枕の上に置くのはマナー違反です。ナイトテーブルの上に、ホテルの格に合わせて1〜5ドルを置きましょう。

部屋を出るときは、つい気がゆるみがちです。部屋を掃除するのは客室係の仕事ですが、布団やベッドはざっと原状回復しておきましょう。旅館ならタオルや浴衣《ゆかた》類は軽くたたんで一カ所にまとめておき、ホテルならタオルやバスローブはまとめてバスタブのなかに入れてから部屋を出ます。

◆浴衣は便宜上の滞在着。部屋着でもかまわない

旅館の作法を、もう少しおぼえましょう。

床の間は、物置ではありません。季節の花や掛け軸を飾る、おもてなしの場所です。荷物や上着、貴重品などを、うっかり置かないよう注意しましょう。なるべく床の間

から遠ざけるのがマナーです。

上着をかけたハンガーを、鴨居《かもい》に引っかけるのもNGです。

旅館の楽しみのひとつが、風呂上がりの浴衣、という人も多いでしょう。ただし、浴衣は着なくてはいけないというものではないので、部屋着を持参してもかまいません。慣れていない人は、スタッフに着せてもらいましょう。**着付けを頼むのは、はずかしいことではありません。**むしろ、自己流のだらしない着かたのほうが失礼です。

多くの旅館では、浴衣で大浴場や食事処に出入りできますが、館外への外出は避けましょう。スリッパも同様です。

男の教養コラム

海外ではNGな日本の習慣②

食事の際、女性が男性のグラスにワインを注ぐのは、レディーファーストの徹底した欧米ではNG。料理の注文やお酒を注ぐのは、男性の役割です。欧米の店では、陳列してある商品を手に取って見る行為が嫌がられることもあります。店員にひとこと断わってから手に取るのが、トラブル回避のポイントです。

席次のルール

上座と下座の決めかたを知れば、席次でまようことはありません。

社会人には常に上下関係がつきまとうもの。和室、洋室から会食、カウンター、乗り物まで、あらゆる場面で「席次」が問われます。目上の人や招待者が座る席を「上座」、目下の人や主催者が座る席を「下座」と呼びます。基本的には、部屋の出入り口からもっとも遠い席が上座、もっとも近い席が下座となります。

和室の場合は、床の間の前の席が上座です。ただしこれは基本ルールですので、目上の人やお客さまの要望によっては、臨機応変に対応します。

和室では、「目線の高さ」で人間関係が決まります。相手が座っているのに自分が立ったままでは相手を見下してしまうので、必ず座ってあいさつをします。**相手が立っていても、自分が目下の場合は、正座してあいさつをします。**

洋室では、どちらが楽な姿勢かの「安楽」で人間関係が決まります。立っている人のほうがつらい姿勢なので、座っている楽な人のほうが立場は上になるのです。目上の人が座っていても、目下は立ってあいさつをします。

日本では床の間から見て左が上座、西洋では上座から見て右が上位となります。自分を基準にするなら、和室なら左側に上位の人を、洋室なら右側にゲストや女性を座らせるのです。これを、それぞれ「左上位」「右上位」といいます。

応接室は、長イスがお客さまの席。出入り口から遠いほうから、上座になります。

レストランでは、本来は下座であっても、眺《なが》めのいい席は優先してもいいですし、逆に、本来は上座であっても冷暖房が直接当たったり、トイレに近かったりする席は避ける配慮があってもいいでしょう。

中国料理の円卓では、出入り口からもっとも奥にある席が上座。その両どなりが、主賓に準ずる人の席となります。カウンターなど、横に長い席では、出入り口から遠い中央の席が上座。エレベーターは、操作パネルの前が下座、入って右奥が上座です。

次のページに、それぞれの図があります。基本的な席次のルールは、しっかりとおぼえておきましょう。

●和室と洋室、食事の席次

円卓やカウンターの店など、ふだん行かない人はとくに間違えやすいので、注意する。

〈和室〉

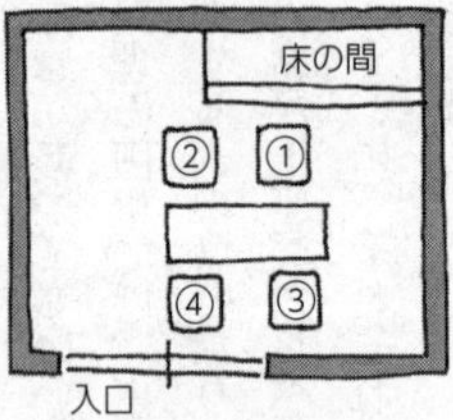

〈会議室〉

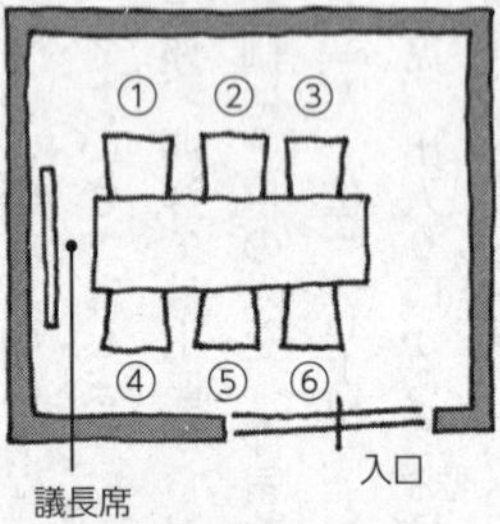

〈応接室〉

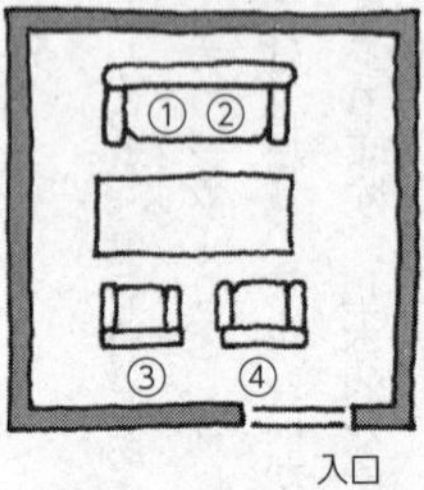

〈円卓〉

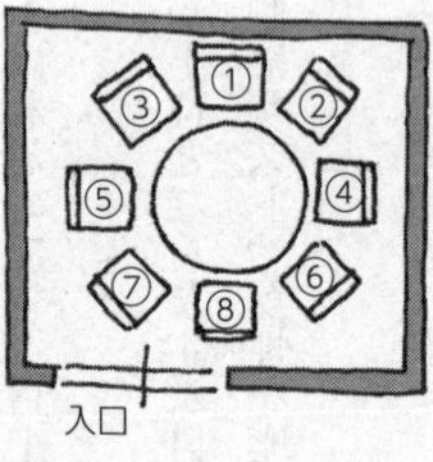

〈カウンター〉

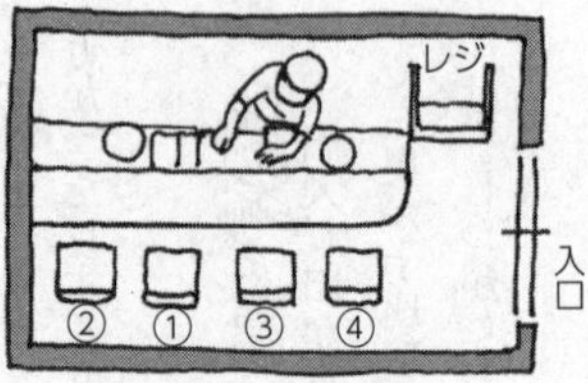

●乗り物の席次

〈自家用車〉

〈タクシー〉

〈列車〉

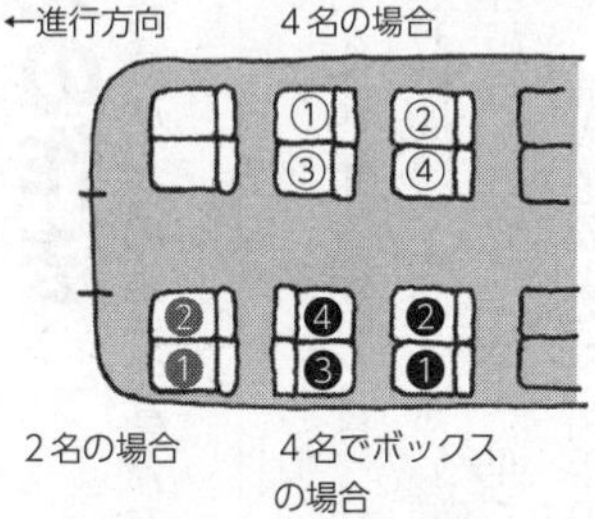

〈飛行機〉

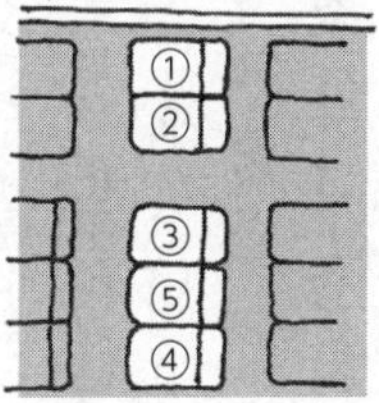

〈エレベーター〉

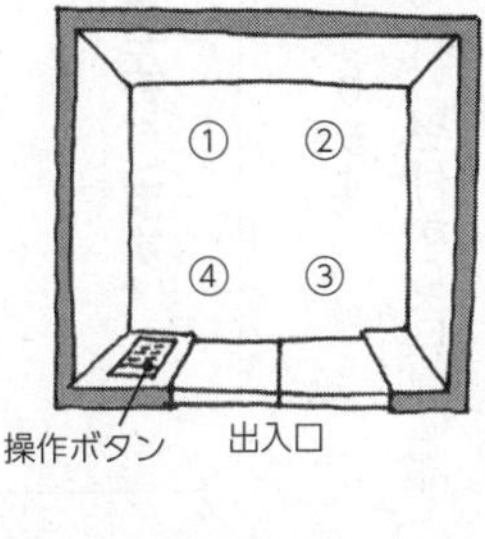

エレベーターは、操作ボタンが扉の両側にあっても、上座は向かって左奥の場所になる。

訪問①

玄関先の作法

訪れた先でどうふるまうか。その第一印象があなたを左右します。

会社を訪問する際と、個人宅を訪問する際とでは、作法が異なります。

まず気をつけたいのが、「到着時間」です。大きい会社の場合、受付から目的の部署まで移動に時間がかかる場合があるので、会社訪問では、約束の時間の5分前には到着するのがマナーです。逆に、個人宅の場合は相手の準備の手間も考えて、約束の時間前の訪問は避け、時間ちょうど～5分遅れくらいに訪れたほうがいいでしょう。

いずれにしても、遅れそうな場合は、相手に電話で連絡することと、訪問の時間帯は食事どきや朝晩を避けた10時～11時半か、13時半～16時半ごろにすること。最寄駅には早めに到着し、地図アプリなどで道順を入念に確認しましょう。

訪問先に到着したら、まず玄関の外でコートを脱いで裏返しにしてたたみ、腕にかけます。マフラーや手袋、帽子を外し、髪や衣服の乱れをととのえます。

玄関先で、長々としたあいさつは無用です。「お招きいただきありがとうございます」程度で十分です。上がるようにうながされたら、「失礼いたします」などと断わってから上がりましょう。

靴を脱ぐ際は、相手に背を向けないよう、正面を向いて靴を脱いで上がります。相手に背を向けないように両膝をつき、靴の向きを変えてそろえておきましょう。脱いだ靴は端に寄せるように。

大きな荷物やコートなどは玄関の隅に置かせてもらいましょう。かばんを室内に持ち込む場合でも、テーブルの上に置くのはNGです。

男の教養コラム

恥をかかない大人の靴選び

大人の男であれば、一足は持っておきたいのが「黒のひも革靴」です。つま先の切り替えが一直線の「ストレートチップ」や、切り替えのない「プレーントゥ」といったシンプルなものであれば、フォーマルな場でもビジネスの場でも使えます。靴下とベルト、腕時計も黒で統一すると、より洗練された装いになります。

訪問② あいさつと名刺交換の作法

しっかりとしたあいさつは、落ち着いた大人の印象をあたえます。

部屋に案内されたら、イスや座布団に座る前に、あらためてていねいにあいさつをします。洋室は立ち上がって、和室は座ってのあいさつが基本です。あいさつをしながらおじぎをすると、中途半端な印象になりますので、「語先後礼」といって、先に相手の顔を見てあいさつのことばを述べてから、深くおじぎをします。国際化が進み握手をする機会もふえましたが、握手をする際におじぎは不要です。

紹介は、身内の人を外部の人へ、あるいは、目下の人を目上の人への順番で行ないます。たとえば、あなたが紹介者（営業部所属）で、A課長が取引先、X部長が上司だとしたら、「A課長、わたくしどもの営業部部長のXでございます」→「X部長、こちらさまが△△商事課長のAさまでいらっしゃいます」という順になります。片方だけ紹介するのは失礼にあたります。

名刺交換は訪問した側、目下の人から先に差し出すのが基本です。ただし、最近は同時に交換する場合がふえています。その場合、渡す直前に右手で持ち、相手の左手の上に置くようにするとスムーズです。

名刺を受け取ったら、「○○さま、どうぞよろしくお願いします」と名前を呼びかけると印象がよくなります。

名刺を切らしている場合は、「申し訳ありません」と謝罪したうえで、会社名・部署名・名前を伝えます。次の訪問時に、「先日は失礼いたしました」といって渡すか、時間があく場合は、会社に戻ってお詫《わ》びの手紙とともに郵送しましょう。

男の教養コラム

手みやげは、手から手へと渡す

手みやげは、あいさつがすんだあと、イス（座布団）に座る前に、洋室ではイスの横に立って、和室では座布団の横に正座して、紙袋や風呂敷から出して渡します。洋室では手渡し、和室では畳の上をすべらせて渡します。「甘い物がお好きとうかがったので、お口に合いますかどうか」など、具体的なことばを添えましょう。

訪問③ おいとまの作法

切り上げるタイミングから退室まで、気は抜けません。

　飲み物やお菓子が出された場合、相手に「どうぞお召し上がりください」といわれるまで、手をつけるのは控えましょう。声をかけられたら、「ありがとうございます、いただきます」といって、口にしましょう。自分から「遠慮なくいただきます」というのは、まちがった語法なので、使わないようにしましょう。

　最近は、お茶かコーヒーか、ホットかアイスかなど、好みを尋ねられる場合もあります。遠慮して「なんでもかまいません」と答えてしまうと、相手はかえって困ってしまいます。「では、コーヒーで」ではなく、「コーヒーをお願いします」と、ていねいに頼みましょう。

　複数で訪問した場合、目上の人が口をつけてからいただくのが基本ですが、遠慮しすぎて口にしないのは、相手に失礼になります。飲み物は、なるべく熱い、あるいは冷たいうちにいただく、茶果は手をつけたらすべて食べきる、が基本マナーです。大皿に全員分の茶菓が盛られている場合は、無理に手をつけなくても失礼になりません。

おいとまは、訪問した側から切り出すのが礼儀です。会話の切れ目や、お茶の入れ替えどきなどに、「そろそろ失礼させていただきます」と切り出しましょう。洋室では立ち上がって、和室では座布団を外して座ったまま、「本日はありがとうございました」などと、ていねいにあいさつをします。

玄関でのあいさつは、「お邪魔いたしました」など簡潔にとどめ、長話は避けること。コート類の身じたくは玄関外が基本ですが、相手にすすめられたら室内で着てもかまいません。ただし、マフラーや手袋はかならず外で。相手が玄関の外まで見送ってくれたら、「こちらで結構です」などと気遣いましょう。

一般的な商談やごく親しい仲であれば不要ですが、そうでなければ、帰ったあとにもてなしへのお礼を伝えましょう。親しい間柄であれば電話やメールでかまいませんが、訪問先が目上の人やあらたまった席だった場合は、翌日にも礼状を出したほうがいいでしょう。はがきよりも封書のほうが、ていねいな印象をあたえます。

立礼と座礼の作法

おじぎは人付き合いの基本です。使い分けをマスターしましょう。

礼には、「立礼《りつれい》」と「座礼《ざれい》」がありますが、角度は同じです。すべてに共通なのは、「礼三息《れいさんそく》」といって、「息を吸いながら上体を倒す↓息を吐きながら屈体を維持する↓息を吸いながら上体を起こす」という、呼吸と動作を合わせるやりかたです。

ほかにも、「相手の目を見てからおじぎをする」、「あいさつと同時におじぎをしない」、「上体は腰から折り、頭だけ下げない」など、あわてずゆっくりていねいな動作が求められます。手は前や後ろで組まず、からだに沿って自然に添えましょう。

立礼には、上体の傾きが約15度の「会釈」、上体の傾きが約45度の「敬礼」、上体の傾きが約70~75度の「最敬礼」の3種類があります。会釈は、道ですれちがったときや入退室の際に、敬礼は通常のあいさつや出迎え・見送りの際に、最敬礼は特別なお礼やお詫《わ》びの際に、それぞれ場面に合わせて使い分けましょう。

●立礼と座礼の基本

会釈

上体を約 15 度傾ける。
背筋は伸ばしたまま、
首だけ下げないように。

敬礼

上体を約 45 度傾ける。
座礼の場合、手は膝の
すぐ前に置く。

最敬礼

上体を約 70 ～ 75 度傾
ける。座礼の場合、手
はやや前の位置に置く。

おもてなし① 迎えの作法

空間をととのえておくことが、気持ちのいいおもてなしの第一歩です。

お客さまを迎える際は、会社にしろ自宅にしろ、「気持ちよくすごせる空間づくり」が重要です。たとえ、部下や家族に事前準備をまかせる場合でも、最終的にはホストであるあなた自身が、準備完了の確認をしなければなりません。

自宅で迎える場合、そうじのポイントは「玄関」「客間・応接間」「洗面所・トイレ」です。余計な私物は別室に収めるなどして、「ととのった清潔な空間」を心がけましょう。「傘立て」や「予備のトイレットペーパー」、たばこを吸うお客さまへの「灰皿」などは忘れがちです。ふだんから確認しておきましょう。

住んでいる側には気づきにくいのが、たばこやペットのにおいです。苦手な人も多いので、換気など、におい消しは入念にしましょう。ペットの場合は、ソファなどに毛が落ちていないかもチェックします。

実際にお客さまがいらしたら、まずは玄関で手短に歓迎のあいさつを。**自宅の場合、立ったままでもかまいませんが、ひざまずくとよりていねいな印象になります。**コートや荷物を預かったら、部屋に案内します。

手みやげを受け取ったら、その場に放置しておくというのは、あまり好ましくありません。お茶を入れるときなど、席を立つついでに、別室に運びましょう。

ふつうはお客さまの前では開封しませんが、相手によってはその場で開けたほうがよろこばれる場合も。親しい間柄であれば、「お持たせで失礼ですが」などといって、いっしょに食べるのもいいでしょう。

男の教養コラム

灰皿があっても勝手に吸ってはダメ

たばこが男のたしなみとされた時代は去り、喫煙は「まわりに伺いを立てる」ものになりました。訪問の場合、訪問相手が吸うか、「どうぞ」と勧められるまでは吸わないこと。上司もいるときは、上司が吸うまで我慢することは基本です。来客が喫煙を我慢している場合は、さりげなく灰皿を勧めるのも気配りです。

おもてなし② 案内の作法

歩調やからだの向きなど、洗練された身のこなしを。

部屋まで案内する際は、常にお客さまの歩調に合わせながら、自分のふるまいに気を配ること。廊下を歩く際は、自分が先に壁側を歩き、お客さまには後ろから廊下のまんなかを歩いていただきます。先導する際も相手に背を向けないよう、からだの向きは斜めを意識しましょう。

続いてドアの入りかた。外開きの場合は、ドアを開けて先にお客さまに入っていただきます。内開きの場合は、先に自分が室内に入ってドアを押さえ、あとからお客さまを通しましょう。資料などを抱えて両手がふさがっていると、ドアを満足に開けられません。たくさんの荷物がある場合は、あとから運ぶようにしましょう。なお、重役室など、先にだれかが入っている部屋に案内する場合は、「コンコンコン」と軽く3回ほどノックしてから入りましょう。

階段を案内する場合も、廊下同様に先導しますが、「足元にお気をつけください」のひとことがあるとていねいです。途中でだれかとすれちがう場合は、会釈を忘れずに。

エレベーターでは、降りる人を待ってから乗ります。その際、早くボタンを操作しようとお客さまより先に乗り込むのはNG。**あくまでも先にお客さまや目上の人に乗っていただいてから、すみやかに操作パネルの前に立つようにしましょう。**

降りる階に着いたら、片手で「開」ボタンを押しながら「右にお願いします」など、お客さまが行動しやすいようにひとことかけ、先に降りていただきます。

男の教養コラム

2回ノックはトイレのときだけ

ドアをノックする回数には、じつはプロトコール(国際標準)マナーがあります。2回はトイレ用、3回は家族や友人など親しい相手用、4回はビジネスや会合などあらたまった場で用いるとされます。ただし日本では、ビジネスの場でも3回が主流とされています。海外では、4回ノックの習慣を心がけましょう。

おもてなし③

お茶と茶菓の作法

一杯のお茶が、場をなごやかに。飲み物とお菓子は常備しましょう。

お客さまを部屋に案内してあいさつがすんだら、いったん台所に下がって飲み物とお菓子を用意します。ビジネスの商談の場合などは、飲み物だけでもかまいませんが、その場合でも紙コップに自動給茶器のドリンクではなく、茶碗やカップに、手間をかけて入れたお茶やコーヒーをお出ししたいものです。

飲み物とお菓子は、基本的には、同席した人数分を用意します。お客さまの分だけだと、お客さまが遠慮して口をつけづらくなるためです。

用意するものは、茶托に載せた茶碗、あるいはソーサーに載せたカップと、皿に載せたお菓子と、できればおしぼりです。お菓子には、楊枝やフォークを添えましょう。

それらをお盆に載せて運び、お盆を畳かサイドテーブルにいったん置き、そこから手ごしにならないように出しましょう。上座のお客さまから順に、お客さまから見て左側にお菓子、右側に飲み物を置きます。

30分ほどたったころあいで、お客さまが飲み終わっているようでしたら、飲み物のお代わりをすすめましょう。台所が遠い場合は、ポットのお湯に予備の茶碗や茶葉をまとめた「給茶セット」をそばに置いてもいいでしょう。

基本的には、今ある茶碗やカップに注ぎ足すのではなく、新しい茶碗やカップに入れましょう。夏は冷たいもの、冬は温かいものを用意するのが基本ですが、同じ飲み物が続くのは味気なく感じます。**温度のちがうドリンクを何種類か用意し、2杯目はべつのものをすすめてみましょう。**

お客さまが飲み物やお菓子に口をつけなかった場合は、無理にはすすめないようにしましょう。

訪問しているお客さまのほうが、緊張しているものです。ちょっとした気遣いがあるだけで、リラックスして場の空気が和《やわ》らぎます。正座の状態がつらそうなら、「どうぞお楽になさってください」、エアコンが気になるようなら、「暑く（寒く）はございませんか」など、くつろげるようなことばをかけましょう。

おもてなし④ 見送りの作法

また来ていただけるよう、気持ちよく見送りましょう。

おいとまは、基本的には、お客さまの側からするものです。しかし、なかには、なかなか帰られないお客さまもいるでしょう。飲み物を入れ替える、「今日は楽しかったですね」などと過去形でいう……そんな遠回しな表現では伝わらない相手に対しては、「お時間は大丈夫ですか?」と尋ねる、あるいは「申し訳ありませんが、このあと予定がありまして」とストレートに伝えてもかまいません。

なお、相手からおいとまを切り出されたら、「そうですか」とさっさと見送りの準備に移るのは、ちょっと失礼。「もっとゆっくりなさってください」と、いちどは引き止めるようにするのが温かいマナーです。どうしても「お迎え」のほうに意識が傾きがちですが、「お迎え3歩、見送り7歩」くらいの割合で、相手を思いやる気持ちを見送りに傾けたほうが、より相手の記憶に刻まれます。

部屋のなかでていねいなあいさつをしたら、玄関まで送ります。ビルやマンションの場合は、その階のエレベーターホールまででかまいません。**エレベーターでは、扉が閉まるまで深めのおじぎ（敬礼）をしていると、誠実な印象をあたえます。**

通常の見送りはここまででかまいませんが、より名残惜しい気持ちがある場合は、ぜひ「見送り7歩」で、門の外やビルの出入り口まで出て、相手の姿が見えなくなるまで見送りましょう。

出入り口から出たとたんにドアの鍵を閉めたり、玄関の明かりを消したりするのはたいへん失礼です。

男の教養コラム

おもてなしの食事は出前でも◎

個人宅への訪問では、食事の時間帯を避けるのがマナーですが、思いがけず話が盛りあがり、食事を……となることも、もてなす側としては想定しておきましょう。その際は、店屋物でもかまいません。出前の寿司や弁当なら、温かい吸い物や香の物を添えると、いただく側としてはうれしいものです。

大人の男の知っ得コラム

男を上げる「懐紙」と「扇子」

ふだん持っているだけで、大人の印象が生まれるのが「懐紙」と「扇子《せんす》」です。

懐紙は茶会だけでなく、冠婚葬祭や日常でも使える和の万能アイテムです。食事の際は、ナプキン代わり、テーブルをふく、折って箸袋や箸置きにするなど。心づけを渡す際も、折ってポチ袋をつくったり、メモ用紙や一筆箋として使ったりもできます。白無地の懐紙は、ぜひかばんに忍ばせておきましょう。

扇子は日常使いのものとは別に、冠婚葬祭向けのものを用意しておきましょう。

白の祝儀扇と黒の不祝儀扇がありますが、冠婚葬祭などあらたまった場でやたらとあおぐのは控えましょう。全開にして横から勢いよくあおぐのは不作法です。やや狭めて開き、体の真正面に立てて持ち、手首だけであおぐとスマートです。なお、和室でのあいさつで、扇子を前に置いて礼をすると謙譲の心を表わすとされます。

パート3

冠・婚

わが子の誕生① 生後100日までの儀式

冠婚葬祭の〝冠〟は、人生の通過儀礼。誕生前からはじまります。

わが子の誕生と成長。日本には古来から、それを内輪で祝う「通過儀礼」があります。身内や地域でのしきたりの伝承が途絶えがちな昨今ですが、子を持つ父親はもちろん、上司や取引先とのやりとりでも、子どもや孫の会話になったときに、知っていると話が広がります。その意味や作法を、理解しておきましょう。

●帯祝い〈妊娠5カ月〉

人生の最初の儀式は、誕生前からはじまります。妊娠5カ月目の「戌《いぬ》の日」に、安産を祈って行なうのが「帯祝い」です。妊婦の腹に、「岩田帯《いわたおび》」と呼ばれる白い腹帯を巻きます。戌の日に巻くのは、子だくさんで、お産が軽いといわれる犬にあやかってのことです。腹帯自体には、保温と胎児の安定効果があるともいわれています。通

●正式な命名書の書きかた

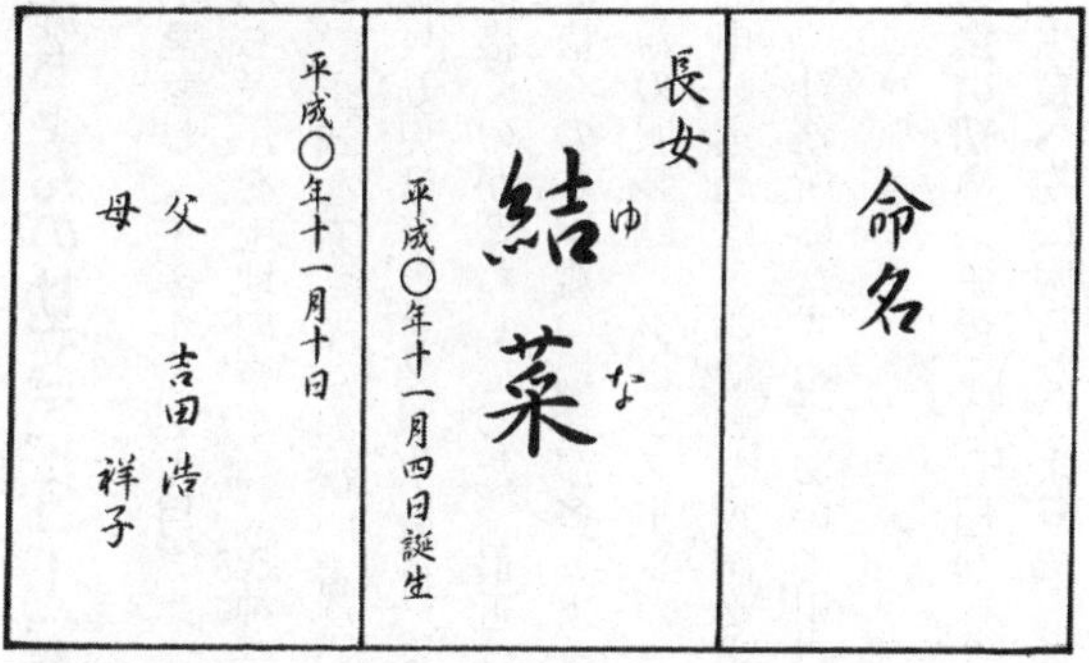
命名

長女
結菜《ゆな》
平成〇年十一月四日誕生

平成〇年十一月十日
父　吉田浩
母　祥子

奉書紙を三等分に折り、中央から左へ続柄、名前、生年月日、命名の年月日、両親の名前を書く。

常、帯は妊婦の実家から贈ります。

●お七夜《しちや》〈生後7日目〉

赤ちゃんが生まれて7日目に、すこやかな成長を祈って行なう命名式が、「お七夜」です。かつては、祖父母や仲人、恩師などに名づけ親を頼み、奉書紙《ほうしょし》の命名書を神棚に供え、親族や知人を招いて祝うものでした。

名づけ親を頼む場合も、いくつか候補を考えてもらい、そのなかから両親が選ぶ形式が主流です。

最近では、母親の体調を考慮して、7日目でなくてもよいとされています。

◆赤ちゃんの社交デビュー「お宮参り」

●お宮参り〈生後1〜2カ月〉

赤ちゃんを土地の産土神《うぶすながみ》（氏神《うじがみ》）にお参りさせ、氏子《うじこ》になったあいさつをする儀式です。正式な赤ちゃんの祝い着は、和装（白地羽二重の内着の上に、男児は黒地羽二重《はぶたえ》の紋付、女児は友禅《ゆうぜん》ちりめんの紋付）です。母親の実家が贈り、当日は父方の祖母が赤ちゃんを抱くのが習わしでした。最近は、レンタルなどのベビードレスが豊富で、赤ちゃんを抱くのも両親の場合が多いようです。

父親の服装は、ダークスーツが一般的。ふつうの参拝だけでかまいませんが、社務所に申し込めば、お祓《はら》いと祝詞《のりと》奏上を行なってくれます。料金は3000円〜1万円程度、社務所にたずねておいて用意します。表書きは「初穂《はつほ》料」「玉串《たまぐし》料」とします。

●お食い初め〈生後100日か120日〉

「一生食べ物に困らないように」との願いを込め、赤ちゃんにごはんを食べさせる「ま

●お食い初めの一般的な祝い膳

ごはん→吸い物とはじめるなど、順番にも決まりがある。

ね」をする儀式です。「箸初め」「箸ぞろえ」「歯固め」「百日《ももか》」とも呼ばれます。

正式には、家紋入りの漆膳器（男児は赤、女児は黒）を、母方の実家が新調します。それに一汁三菜の祝い膳を用意し、祖父母が「養い親」として赤ちゃんに食べさせるまねをさせます。長寿を願う梅干しや、歯が丈夫になるよう小石を添える場合もあります。

最近は、赤ちゃん用の離乳食の食器をそろえることもふえています。何かプレゼントをするなら、スプーンとフォークが両端についた幼児用食器などもいいでしょう。

わが子の誕生②

初節句と初誕生日

はじめての節句、そして誕生日。無事な成長を両家で祝いましょう。

40代をすぎると、わが子はもちろん、兄弟姉妹の子どものお祝いも多くなります。それぞれの風習は、おぼえておきたいものです。

●初節句（初節供）

赤ちゃんが生まれて、はじめて迎える節句（198ページ参照）を「初節句」といい、男児は5月5日の端午《たんご》の節句、女児は3月3日の桃の節句のことをいいます。

かつては、母親の実家が、女児にはひな人形、男児には武者人形や鎧兜《よろいかぶと》、鯉のぼりを贈る習わしがありました。母親の実家の負担が大きいことや、住宅事情もあり、今は両家が分担しあい、コンパクトにすませる場合が多いようです。

身内で祝宴を催す場合は、桃の節句では桃の花を飾り、ちらし寿司やはまぐりの吸

●ご祝儀の目安

帯祝い	3000～5000円
お七夜	5000～1万円
お食い初め	5000～1万円
初節句・初誕生	5000～1万円

ご祝儀の表書きは、「御祝」とするとよい。

い物、ひしもち、白酒などを、端午の節句では菖蒲《しょうぶ》を飾り、鰹のたたきや柏もち、ちまきなどをふるまいます。

●初誕生日

かつての日本では、毎年の誕生日を祝う習慣は一般的ではありませんでした。しかし、赤ちゃんが満1歳を迎える初誕生日だけは、盛大に祝ってきました。これは、独り立ちして歩きはじめる赤ちゃんを励《はげ》ますお祝いです。

初誕生日には、一升のもち米でついた「一生もち」(「力もち」「立ちもち」ともいう)を風呂敷に包み、赤ちゃんに背負わせたり踏ませたりする風習があります。

かつては、将来を占う意味で、男児にはそろばんや筆、女児には物差しや針箱などを並べ、赤ちゃんに選ばせるという習わしもあったそうです。

わが子の誕生③

七五三の祝い

成長の儀式には、正式な衣装を着せてあげましょう。

子どものすこやかな成長を感謝し、将来の幸せを願って氏神さまにお参りするのが七五三です。男児は5歳、女児は3歳と7歳を迎えた11月15日前後に祝います。かつては数え年でしたが、今は満年齢で行なうのが一般的です。

11月15日になったのは、江戸時代に五代将軍・徳川綱吉《とくがわつなよし》の長男・徳松《とくまつ》のお祝いをこの日に行なったからといわれています。3歳で髪を伸ばしはじめる「髪置きの儀」、5歳ではじめて袴《はかま》をつける「袴着《はかまぎ》の儀」、7歳で着物のつけひもを取って帯を結ぶ「帯解《おびと》きの儀」に由来します。なお、関西では、数え年13歳の4月13日に虚空蔵菩薩《こくうぞうぼさつ》にお参りする「十三参り」という風習もあります。

七五三は内輪のお祝いなので、家族で神社に参り、記念撮影や会食などをしてすごします。ふつうに参拝するだけでかまいませんが、社務所に申し込めば、お祓いと祝

●7歳、5歳、3歳の正式な七五三衣装

買いそろえるのではなく、レンタルするのが一般的。

詞奏上を行なってくれます。料金は社務所にあらかじめ聞いて確認を。表書きは「初穂料」「玉串料」とします。

衣装は、ぜひ正式なものを着せてあげましょう。3歳は、お宮参りの際の祝い着に、被布《ひふ》と髪飾りをつけます。5歳は、紋付の着物と羽織袴に白足袋、雪駄《せった》です。7歳は、本裁ちの友禅の着物に、袋帯を結んで扇子《せんす》を挟み、ぽっくりか草履《ぞうり》を履きます。父親の服装は、ダークスーツでかまいません。

ご祝儀を贈る場合、金額の目安は、5000～1万円程度です。表書きは、「七五三御祝」としましょう。

厄年の作法

三度訪れる人生の節目、心身を見つめなおす絶好の機会です。

厄年とは、中国の陰陽道《おんみょうどう》に由来する信仰で、災難や病気が降りかかりやすいとされる年齢です。数え年で、男性は25歳、42歳、61歳、女性は19歳、33歳、37歳とされます。

とくに、男性の42歳と女性の33歳は「大厄《たいやく》」とされ、その前後3年間は身を慎み、厄落としをしなければならないとされます。3年間は、それぞれ「前厄《まえやく》」「本厄《ほんやく》」「後《あと》厄《やく》」と呼ばれます。男性は大厄である40代に入ると、「男の更年期」といわれるほど、内臓疾患や気持ちの浮き沈みなどがはじまります。実際に災難が訪れるかどうかは別として、心身に変調をきたしやすい年齢であることは、まちがいありません。体調管理など気をつけるに越したことはないでしょう。

厄落としの方法としては、神社でお祓いを受ける、厄除《よ》け祈願のお札を買う、お寺で護摩《ごま》を焚《た》くなど、寺社で行なってもらうのが一般的です。**正月、節分、誕生日など**

の節目に行なうといいでしょう。

寺社への厄除けのお礼は、３０００～５０００円程度が目安です。表書きは、寺の場合は「御祈願料」、神社の場合は「御祈《き》禱《とう》料」とします。

ほかに、親しい人を招いて宴席でもてなし、少しずつ厄を持ち帰ってもらう、蛇神《じゃしん》の力にあやかって、「長いもの」や「うろこ模様」の小物を身に着けたり贈ったりする、といった風習もあります。

ただし、あまり気にしすぎるのもよくありません。むしろ、ヤクにかけて、「世のなかの役に立つ」年齢になったと、前向きに考えたほうがいいように思います。

男の教養コラム

有名な厄除け寺社では予約を

「厄除け」で有名な寺社は、全国にあります。「関東厄除け三大師」と呼ばれているのが、弘法大師を祀っている川崎大師（神奈川）、西新井大師（東京）、佐野厄除け大師（栃木）の三寺。関西で有名なのが、門戸厄神《もんどやくじん》（兵庫）です。有名どころは込み合うことが多いので、厄除けをするなら予約してから行ったほうが安心です。

地鎮祭と上棟式の作法

氏神さまに祈りをささげ、関係者をねぎらいましょう。

家やビルを建てる際に、その土地の氏神さまに工事の無事を祈る儀式が「地鎮祭《じちんさい》」です。通常は、建築主と工事関係者（設計者、大工の棟梁《とうりょう》など）だけの内輪で行ないます。神官がお祓いする「修祓《しゅうふつ》の儀」、土地の四隅をお祓いする「四方祓《しほうはらい》」、土に鎌や鋤《すき》、鍬《くわ》などを入れる「地鎮の儀」など、全体で90分ほどかかります。祭具を準備するのは神主や工事関係者ですが、供え物は建築主が用意するのが一般的です。

建物の土台ができたあと、柱や梁《はり》などを組み、棟木《むなぎ》を取りつける際に行なう儀式が「上棟式《じょうとうしき》」です。正式には神官を招くものですが、現在は棟梁を中心に建築主と工事関係者だけで行なうのが一般的です。玄関に祭壇（左図参照）を設け、御神酒《おみき》や洗い米を供え、四方の柱などに御神酒をかけ、工事の無事を祈ります。工事関係者をねぎらう意味が強いので、式のあとに宴席を設けたり、折詰とお酒を配ったりする場合も

●地鎮祭・上棟式で建築主が用意する供え物

海の幸は尾頭付きの魚やするめ、山の幸は季節の野菜と果物を供える。

あります。

地鎮祭・上棟式ではそれぞれ、神官にはお礼を、工事関係者にはご祝儀を渡します。神官への金額の目安は、お供えなどの費用を含めて3万円程度、表書きは「初穂料」「玉串料」などとします。

関係者へのご祝儀の目安は、5000〜1万円程度、表書きは「御祝儀」などとします。祝儀袋ではなく、ポチ袋でもかまいません。**ご祝儀は、関係者の人数分を棟梁にまとめて渡しましょう。**

一生に一度のマイホームの新築。その記念すべき儀式には、一家の大黒柱として厳粛な態度で臨みましょう。

引っ越しのあいさつ

近所付き合いは、はじめのあいさつで印象が決まります。

核家族化やマンション住まいが進み、ご近所のつながりは薄くなっているといわれます。でも、災害やなにかトラブルが起こったときに頼りになるのは、「遠くの親戚より近くの他人」、つまりはご近所さんです。近所付き合いは社交の原点。引っ越しの前後など、ご近所へのあいさつ回りは欠かさないようにしましょう。

引っ越し前は、それまでお世話になった近所の方々に、あいさつをして回ります。とくにお世話になった人や管理人には、1000〜3000円前後の簡単なお礼の品を渡し、新住所も伝えておきましょう。

引っ越し先であいさつをしておきたいのは、マンションの場合は両どなりとお向かい、上下階の計5軒です。管理人や大家が同じ棟に住んでいれば、そこも忘れずに。一軒家の場合は、両どなり、お向かいの3軒、真裏の計6軒が目安です。**引っ越し**

作業でとくに迷惑をかけそうなお宅には、引っ越し前にあいさつをしましょう。

なお、自宅の引っ越しの場合は、可能なかぎり家族全員であいさつをして、全員をおぼえてもらうようにしましょう。会社の引っ越しの場合は、代表者ほか少人数で回るようにします。

あいさつは、引っ越し後3日以内、金額の目安は500~1000円程度で十分です。品物は、菓子折りやお茶、タオル、石けんや洗剤など。「おそばのように細く長いお付き合いを」という意味で、そばを贈る伝統もあります。会社の場合は、社名入りの小物などでもいいでしょう。

男の教養コラム

写真の立ち位置にも上座がある

新居の前で、家族や親族が集まって写真を撮ることがあります。写真の席次もおぼえておきましょう。ふたりで写してもらう場合は、カメラに向かって右側に上位の人が立ちます。3人の場合は、中央がもっとも上位の人、カメラに向かって右側が次の人、左側が3番目の人となります。年配者や女性をたてるのを忘れずに。

婚約と結納の作法

結婚が決まったら、まず婚約のスタイルを決めましょう。

婚約には法的な決まりがないため、当人同士の口約束だけでも成立します。形式にのっとった儀式を執り行なうことで、約束をより確かなものにする意味があります。婚約の形式には、①婚約通知状を出す、②婚約記念品を交換する、③婚約式や婚約パーティーを開く、④結納を交わす、などがあります。最近は、結納に代わって、「両家で顔合わせの食事会をする」ことですませる、簡潔なスタイルも主流となってきています。その際に、記念品を交換する場合も多いようです。

①の通知状は、送る前に周囲の大事な人たちには口頭で直接伝えましょう。伝える人は、職場の直属の上司、先輩や同僚、知人の順番です。通知状を出す相手は、披露宴に招待する予定の人にとどめましょう。封書ではなく、はがきで十分です。

②の記念品は、結納品の代わりに本人たちが取り交わすものです。ただし、両親や

親しい友人など、第三者の立ち合いのもとで交わすのが基本です。品物は、男性からは婚約指輪がほとんどです。費用は「給料の3カ月分」といわれることも多いですが、現在では30万～50万円くらいが相場のようです。

③は、日本では一般的ではありませんが、親しい人を中心にして、披露宴の代わりに小宴を催す場合が多いようです。

婚約を進めるにあたって重要なのが、「仲人」の存在です。仲人とは、本来、縁談・お見合いから挙式・披露宴まで、結婚にまつわるすべての世話をする存在でした。しかし最近は、結納から挙式までや、式当日のみ立ち会う「頼まれ仲人」（媒酌人）が主流で、仲人を立てないケースもふえています。仲人を頼む相手は、職場の上司や恩師、親の知人などがふさわしいでしょう。**社会的地位を重んじる向きもありますが、最終的には「これからもお世話になりたい」と思う人が決め手となるようです。**

仲人が決まったら、披露宴までのスケジュールは、仲人の了承を得て進めていきます。あなたが仲人を頼まれる立場でしたら、妻の協力が不可欠となります。披露宴当日まで、夫婦で親身になってふたりの相談にのってあげましょう。

◆両家の親ぼくを深める結納

姻戚関係となる両家を結びつける儀式が、結納です。地域差はありますが、男性側から御帯料（結納金）に縁起物の品（結納飾り）と目録を添えて贈り、女性側から御袴料（結納返し）を贈るのが基本です。最近は、結納を省略する傾向にありますが、儀式を執り行なうことで、両家の親ぼくを深める効果があります。

結納には、仲人が両家を往復して結納品や受書（結納品の受け取りを記したもの）をやり取りする「正式結納」と、女性宅や料亭、ホテルなどに両家が一堂に会し、仲人の立ち合いのもと結納を行なう「略式結納」があります。最近は、略式が主流ですが、仲人を立てずに男性の父親が進行役を務める「簡略式」もあります。ホテルや式場の結納プランなら、介添人がサポートしてくれたり、結納品や祝い膳の用意もまかせられたりするので安心です。

また、男女双方で結納品を贈り合う「関東式」と、男性側からのみ贈る「関西式」と、東西でもしきたりが異なります。両家の慣習が異なる場合は、話し合っていずれかに

●全九品の結納品一式（関東式）

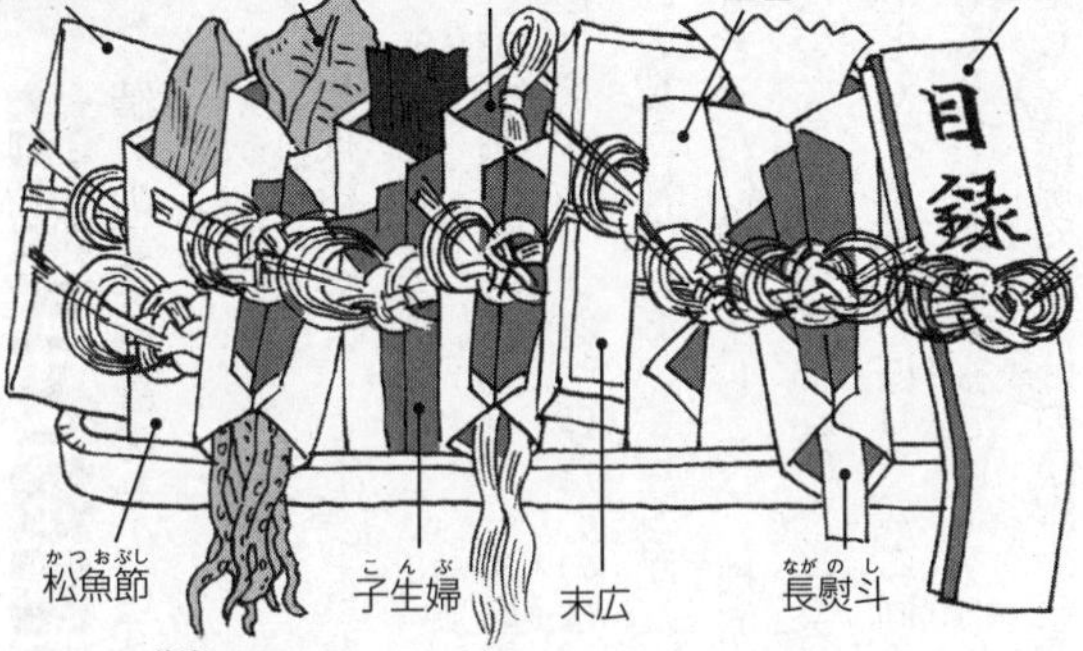

白木の片木盆《へぎぼん》に、結納品をすべて載せるのが関東式の飾りかただ。

合わせるのがいいでしょう。

結納金や結納品は、両家がそれぞれ用意しますが、結納式の会場費や宴席の費用は両家で折半しましょう。正式な結納品は、全部で九品です（上図参照）。略式の場合は七品、五品、三品とへらします。結納金は、省略する場合もふえています。

仲人を立てる場合、お礼は結納金の1割～2割程度が目安です。

結納に必要なものは、目録（結納品の内容を記したもの）と受書、そして双方の家族と親族を紹介し合う「家族書」「親族書」があります。それぞれ、奉書紙《ほうしょし》に毛筆で書くのが正式な形です。

結婚式と披露宴の作法

晴れの場を最高のものにするために、細やかな気配りは欠かせません。

結婚式や披露宴では、「気をつけたいこと」や「うっかりしがちなこと」がいくつもあります。主催者側は、とくに「招待客」と「ふるまい」に注意しましょう。

日程や会場を決めたあと、一番の悩みどころが「だれを呼ぶ・呼ばない」の線引きかもしれません。気をつけたいのは、招待客の「バランス」です。新郎新婦、どちらか側の人数が極端に多い、片方が友人ばかりで片方が職場関係ばかり、といった不均衡はできるだけ避けましょう。披露宴には、「職場からは上司だけ、もしくはだれも呼ばない」「友人は親友少数にしぼる」「おじ・おばの配偶者は呼ばない」など、身内を中心として人数をしぼり、残る同僚や友人・知人はすべて二次会のみに呼ぶ、などと決めるとすっきりするでしょう。

ただし、無視できないのが親の意向です。たとえ面識が薄くても、親が呼びたい人はいるでしょうから、そこを調整するには、根気よく話し合うしかないでしょう。遠方の親戚を外すという考えもありますが、そもそも実家が遠方の場合などは、「実家近くでお披露目会を」という話になるかもしれません。

ほかにも、「直属の上司は呼ぶが、その上の上司は呼ばない」「派遣先の上司よりも派遣元の上司を優先」など一般的なルールはありますが、呼ばなかった人のフォローさえできていれば、大きな問題にはならないでしょう。

新郎新婦は、主役であるのと同時に、もてなし役でもあります。お客さまの出迎えは、省略する場合が多いですが、せめて最後は一人ひとり心を込めて見送ること。ふたりだけでひそひそ話をくり返したり、特定の友人とだけ談笑したりするような行為は、もてなしの心に欠けます。

キャンドルサービス以外のときに、新郎新婦が高砂《たかさご》席を空けて会場を動き回るのは、ほどほどにしておきましょう。また、ひんぱんにトイレに立つようなことがないためにも、お酌をされたお酒は「口をつけるだけ」にとどめておくのが賢い対処です。新郎はとくに注意しましょう。

◆媒酌人や親族は主催者側の人間としてふるまう

続いて、媒酌人や親族など主催者側の人が気をつけたいことを見てみましょう。

媒酌人のおもな役割は、主催者代表として新郎新婦に寄り添い、披露宴を円滑に進行させることです。司会がディレクターだとすれば、媒酌人はプロデューサー的な立場といえます。よって、司会から質問されても答えられるよう、式の進行を把握しておきましょう。媒酌人あいさつは大役ですが、そのことだけにとらわれず、招待客の出迎えや見送りなど、会場全体に目を配るようにしましょう。媒酌人夫人は、お色直しに付き添うなど、新婦を細やかにアシストする役割が求められます。

親族の披露宴に出席する場合、「ご祝儀を渡しているのだから招待客」との思いでデーンと構えているのは、配慮に欠けます。**一般の招待客から見れば、親族は主催者側のひとり。**お酌をして回る必要まではありませんが、招待客の様子に目を配り、面識のある人には進んで声をかけるなど、場を和《なご》ませるふるまいを心がけましょう。

子どもは、招待されている場合にかぎり、同伴ＯＫです。その場合、ご祝儀は０・２

人分ほど上乗せすること。むずかったら会場の外にすぐ連れ出せるよう、事前に入口付近の席をリクエストしておきましょう。

どんな会場でも、披露宴ではブラックスーツなどフォーマルな装いが正解です。問題は二次会。親しい友人・知人が中心の会では、「平服《へいふく》で」という場合も多いでしょう。平服は普段着という意味ではなく、「礼装でなくてOK」ということです。おしゃれに自信がなければ、ダークスーツにすればまちがいないでしょう。

自信のある人は、ストライプ柄のスーツやカラーシャツなどで楽しんでもいいですが、新郎より派手にはならないように。

男の教養コラム

握手は目上の人から行なうもの

もともと日本の習慣ではない「握手」は、きちんとできる人が少ないもの。握手は目上の人から手を差し出すもので、目下の人が求めるものではありません。両手で握り返す、握りながらおじぎをする、握った手を上下に揺するのはNG。手を出してから離すまで、相手の目を見ながら行なうのがマナーです。

結婚祝いと祝電の作法

お祝いは、無理のない範囲で、よろこばれるものを贈りましょう。

本来、結婚祝いの金額は、当人とのかかわりの深さに応じて決めればいいものです。一般的な相場としては、友人・知人、会社の同僚・部下であれば、２万〜３万円が目安です（左ページ参照）。金額で迷ったら、「月収の５％」くらいを目安と考えると無理がないでしょう。

夫婦で出席する場合は、ふたり合わせて５万円、あるいは７万円とする場合が多いようです。披露宴に出席しない場合は、１万円ほどでしょう。会費制の二次会のみ参加する場合は、基本的には会費のみで差し支えありませんが、別に金品を贈ってもよいでしょう。

祝儀袋は、金額に見合ったものを選びましょう。最近は、カラフルでおしゃれな祝儀袋がふえ、売り場でもつい目移りしてしまいます。しかし、きちんとした作法にのっ

●結婚祝いの金額の目安

兄弟姉妹	5～10万円
おい・めい	3～10万円
いとこ	3～5万円
会社の同僚・部下	2～3万円
友人・知人	2～3万円

ご祝儀は披露宴当日ではなく、前もって渡しておいたほうがよい。

●祝儀袋にはランクがある

7万円以上　5万円以上　3万円以上

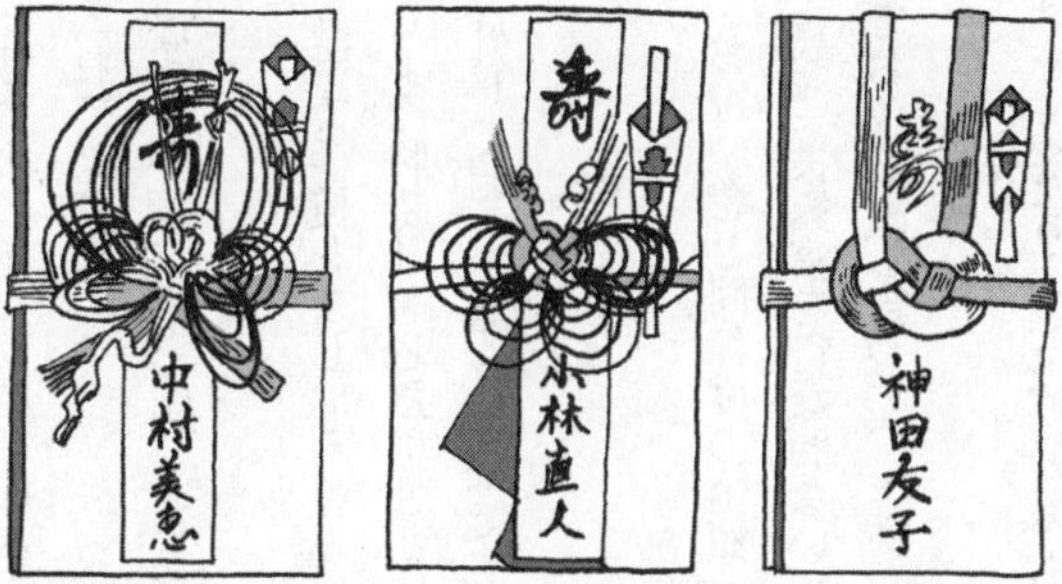

7万円以上は、新郎新婦の家族や、主賓や媒酌人などが使う。

とったものを贈るのが、大人の付き合いです。赤白または金銀のあわじ結びの水引の祝儀袋に、「寿」「御祝」などと筆で表書きし、新札を入れて贈りましょう。前もって渡すことができず、披露宴会場に持参する場合は、受付で記帳したあと、ふくさから取り出して渡します。

祝儀袋は、表書きの正面を先方へ向けて、きちんと両手で手渡しましょう。ふくさを片手に、もう片方の手で差し出すなどはＮＧ。また、よく腕時計をした男性がいますが、「時間を気にせずお祝いします」という意味で、外しておくのがマナーです。

◆ブライダルギフトは記念になるものを

結婚祝いを品物で贈る場合（ブライダルギフト）は、お祝い金と同程度の金額の品を選ぶといいでしょう。披露宴に招待されていない場合や、披露宴を行なわない場合は、１万円ほどでかまいません。職場仲間や友人同士でお金を出し合って、生活家電などの高価な品をプレゼントするのもよろこばれます。

品物選びのポイントは、名前入りグッズ、趣味の品など「ふたりの記念になるもの」

や、食器や調理器具、雰囲気のある照明器具やバス用品など「必需品でなくても、あると重宝するもの」にすることです。**親しい間柄なら、重複を避ける意味でも本人に直接希望を聞いてもいいでしょう。**

披露宴当日に持参するのは迷惑になるので、1週間前までに届けるのがマナーです。

事情があって、披露宴に出席できない場合は、お祝いの気持ちを伝える祝電を打ちましょう。

お祝いメッセージは定型文もありますが、なるべく自分で考えたほうが気持ちが伝わります。披露宴の3時間前までに届くよう手配しましょう。

男の教養コラム

親の再婚に祝い金は必要？

最近は、再婚する人がふえています。結婚するカップルの4組に1組が、男女のどちらか、あるいは両方が再婚者です。結婚祝いは、あくまでも気持ちですので、再婚だからといって金額の目安が変わることはありません。ただ、親が再婚した場合は、お金でもよいでしょうが、品物や旅行をプレゼントするのもよいでしょう。

披露宴のスピーチと係の作法

話す内容だけでなく、服装や礼にも気を配りましょう。

年齢を重ねるごとに、スピーチを頼まれる機会はふえるものです。スピーチを頼まれるのは名誉なことですから、快く引き受けるのが大人の態度です。できれば、披露宴のスタイルや招待客の顔ぶれなどを事前に調べて、その場にふさわしい内容を考えておきましょう。

友人なら学生時代の思い出、職場関係ならふだんの仕事ぶりなど、新郎新婦との関係性を踏まえたエピソードがいいでしょう。暴露話や自慢話、ウケ狙いや下ネタはタブーです。二次会でのスピーチや、当日、突然指名されてのスピーチは多少くだけた内容でもかまいません。リラックスしていどみましょう。

スピーチの時間は、主賓なら3～4分程度（1200字前後）、友人なら2～3分程度（800字前後）が目安です。緊張しているときほど、いつもより間を置いて話しましょう。内容は、お祝いのことば→自己紹介（新郎新婦との関係）→新郎新婦のエピソード→新生活へのはなむけのことば→結びのことば、といった流れが一般的です。

ぶっつけ本番は、事故のもとです。早めに原稿を用意して、くり返し音読しておくと安心です。当日は原稿を見ながらでもかまいませんが、うつむかず会場を見渡しながら話すよう心がけましょう。スピーチ前にまわりの人と話すこと、ほどよく食事やお酒を楽しむことなども、気持ちを落ち着かせるためには効果的です。

スピーチの格調を高めるために、偉人の名言や格言を織り込む趣向もありますが、慣れないうちは無理をする必要はありません。等身大の心温まるエピソードを披露するだけで十分です。

披露宴のスピーチは、内容も重要ですが、同じく大切にしたいのが、服装とスピーチ前後の礼です。服装は、ネクタイやポケットチーフが曲がっていないか、全身が見られるため、靴が汚れていないかなど、事前に会場のお手洗いで確認しましょう。マイクの前に立って、すぐに話しはじめる人がいますが、まずはゆっくりと一礼しましょう。印象がよくなるだけでなく、呼吸がととのい、緊張がほぐれる効果もあります。

スピーチ後の歓談中などに、新郎新婦の両親などが、お礼のあいさつに来ることがあります。相手は立っているので、こちらも立って話をしたいところですが、目立ってしまうようであれば、立って礼をしたあとは、席に座って話しましょう。首だけでなく、からだの正面を相手に向けて話すのが礼儀です。長話をする必要はありません。招待のお礼や、新郎新婦の人柄、式の感想などをあらためて伝える程度で十分です。

◆係を頼まれたら、快く引き受けて

レストランやハウスウエディングなど、自分たちで手づくりする披露宴もふえています。祝ってくれる人みんなでつくりあげる一体感は格別なもの。なにか係を頼まれたら、快く引き受けて披露宴の盛りあげをサポートしましょう。

受付係に求められるのは、「明るくていねいな応対」に尽きます。祝宴の最初の印象を左右するのが受付ですから、笑顔で出迎え、あいさつを述べましょう。もちろん、御祝儀の管理が最大任務ですので、あつかいには細心の注意を払いましょう。

司会を頼まれた場合は、事前になんどか新郎新婦と進行を打ち合わせ、リハーサル

をすませておく必要があります。披露宴と二次会では場の雰囲気が異なるので、披露宴では厳粛さと段取りを最優先し、二次会ではユーモアやアドリブ対応も交えるようにしましょう。**あくまでも主役は新郎新婦ですから、司会が必要以上に出しゃばらないよう「品よくほどほどに」を意識しましょう。**

昨今、役割が増してきているのが撮影係です。プロでない場合は本格的な機材は不要ですが、コンパクト型ではなく一眼レフが望ましいでしょう。披露宴の進行の確認、会場の下見など、事前準備が決め手となります。新郎新婦入場、乾杯、ケーキ入刀などのシーンはベストポジションで撮影したいですが、披露宴の進行を妨《さまた》げないよう注意しましょう。主役は新郎新婦ですが、招待者全員を収める心遣いも忘れずに。控室やロビーなどでのオフショットも効果的です。撮影係は、披露宴後も写真のプリントやアルバムづくりなどの作業もあるので、長い付き合いになります。

頼まれた係は、できるだけ引き受けたいところですが、どうしても司会や撮影に不慣れな場合は、正直にそのことを伝え、断わってもかまいません。「司会はできないけど、○○なら」と、ほかにできそうなことを伝えると、角が立ちにくくなります。

引出物と心づけの作法

たくさんの招待客とスタッフ。一人ひとりに感謝の意を込めて。

引出物は、披露宴の招待客に贈るお土産です。なので、披露宴には出席せず、お祝いのみいただいた人には、「内祝い」を贈るようにします（158ページ参照）。引出物の内訳は、記念品と引菓子の二品に、ウエディングケーキや装花などをたして、三品以上とすることが多いです。記念品は、当日持ち帰ることが多いので、置物や花びんなどは敬遠されます。重すぎず、かさばらないものを心がけましょう。

金額の目安は、披露宴の飲食費の3分の1〜半額程度、5000〜8000円が一般的です。品物の包みに赤白結び切りの水引ののし紙をかけて、「寿」の表書きで、両家の姓かふたりの名前を連名で記します。**夫婦で出席された方には、ひとつにまとめてかまいません。**

当日お世話になった関係者には、新郎新婦の両親から直接心づけを手渡します。渡

●心づけの金額の目安

介添人	3000～5000円
美容師・着付け係	3000～1万円
会場係（スタッフ全員で）	1万円
受付係（友人の場合）	3000～5000円
司会（友人の場合）	1万～2万円
撮影係（友人の場合）	1万円＋経費
運転手	3000～5000円

美容師と着付け係は、支度をしてもらったときに渡すとよい。

す相手は介添人、美容師・着付け係、会場係、受付係、司会、撮影係、運転手などです。媒酌人と主賓には、御車代（交通費）のみ渡します。スピーチや余興をお願いした人には、謝礼は必要ありません。お礼のことばを伝えましょう。

心づけは、両家で分担して用意しましょう（金額は、上の表を参照）。赤白結び切りの水引の祝儀袋、あるいはポチ袋に、「寿」「御礼」「御祝儀」などの表書きをして渡します。

なお、媒酌人には披露宴後の2～3日以内に、当人たちが直接媒酌人の自宅を訪問して謝礼を手渡すのが正式な形です。

内祝いと結婚通知状の作法

挙式が終わったあとも、感謝の品と新生活のお知らせを欠かさずに。

披露宴を欠席された方、結婚祝いをいただいたものの披露宴に招待できなかった方には、内祝いとしてお返しの品を披露宴後の1カ月以内に贈ります。

品物は、飲み物やタオルケットなど実用的なものでかまいませんが、食器類など、記念として残るもののほうがふさわしいとされます。

金額の目安は、いただいた品の3分の1～半額程度です。赤白結び切りの水引ののし紙に、「寿」「内祝」などの表書きで、夫婦連名で贈りましょう。**郵送する場合は、かならず礼状も添えて贈るようにしましょう。**

身辺が落ち着いたところで、披露宴や二次会の出席者を含め、お祝いをいただいた方全員に、夫婦連名の結婚通知状を送りましょう。体裁は、はがきでOKですが、披露宴後1カ月以内には送るよう手配します。目上の方にも送るので、デザインや文面には気を配りましょう。

11月～12月の披露宴の場合は、年賀状と兼ねてもかまいません。結婚式の写真などを載せると、よろこばれるでしょう。

仲人や主賓、親族など、とくにお世話になった人には、披露宴当日の写真を焼き増しして送るとよろこばれます。その他の友人・知人には、直接会う機会がなければ、お礼のメッセージとともに、メールで写真を送るといいでしょう。

海外挙式の場合は、現地の写真もほしいところ。挙式後も、おもてなしの心を忘れないことが肝心ですが、押しつけにならないかも配慮しましょう。

男の教養コラム

遠方のお客さまへの心遣い

遠方から駆けつけてくれた招待客には、可能であれば交通費・宿泊費を全額負担するのがベストです。余裕がなければ交通費のみ、それも厳しければ半額は負担するのが最低ラインです。支払いをすませておくか、当人に立て替えてもらった場合は、「御車代」として当日渡してもよいですが、その旨、伝えておきましょう。

結婚記念日の祝いかた

節目の銀婚式・金婚式には、親しい人々で盛大なお祝いを。

結婚記念日を祝う風習は、もともとイギリスの発祥とされます。現在では、日本でもポピュラーになり、夫婦で食事をしたり、旅行をしたりして祝うようになりました。結婚1年目から15年目までは、毎年名称がつけられていて、それ以降は5年ごとに名称があり、それにちなんだ贈り物を交換するのが通例となっています。

本来は、夫婦ふたりでささやかに祝うものですが、家族がふえればホームパーティーなどを開くのもよいでしょう。さらに、25周年の銀婚式、50周年の金婚式は、子どもや孫が中心となって盛大な祝宴を催すことも多いようです。パーティーを開く場合は、参加者用に結婚記念日の引出物を用意するのもいいでしょう。結婚記念日のお祝いを贈る場合は、赤白または金銀蝶結びの水引のついたのし紙か祝儀袋に、「祝○婚式」「祝結婚記念日」などの表書きをして贈ります。

●結婚記念日の名称と贈り物の例

1年目…紙婚式	アルバム、手帳、日記帳などの紙製品
3年目…革婚式	財布、バッグなどの革製品
5年目…木婚式	テーブルやたんすなどの木製家具
7年目…銅婚式	鍋や花びんなどの銅製品
10年目…錫《すず》婚式	タンブラー、やかんなどのスズ・アルミ製品
12年目…絹・麻婚式	絹のスカーフ、麻のテーブルクロスなど
15年目…水晶婚式	ワイングラスなどのクリスタル製品
20年目…陶磁器婚式	磁器の食器
25年目…銀婚式	銀食器、帯留め、カフスボタンなどの銀製品
30年目…真珠婚式	ネックレス、ネクタイピンなどの真珠製品
40年目…ルビー婚式	ルビーのアクセサリーなど
50年目…金婚式	金のアクセサリー、金箔入りの漆器など
60年目…ダイヤモンド婚式	ダイヤモンドのめがねフレームなど

やわらかい日用品から、硬くて高価な貴重品に変わっていく。

大人の男の知っ得コラム

慣れておきたい「ふくさ」「風呂敷」

和の小物は、落ち着いた大人の印象をあたえますが、ふだんから使っていないと、作法も身につきません。冠婚葬祭では、「ふくさ」と「風呂敷」に慣れておきたいものです。

現金は、祝儀袋・不祝儀袋に入れてふくさに包み、品物はのしを添えてかけ紙をかけ、水引で結び風呂敷に包むのが基本ルールです。

ふくさの色や包みかたは、慶事と弔事で異なります。祝儀は、赤やピンクなど暖色系のふくさで、左から包みます。不祝儀は、黒やグレーなど寒色・モノトーン系のふくさで、右から包みます。「正絹《しょうけん》の紫」のものは、慶弔どちらでも使えるため重宝します。

受付で渡す際は、ふくさから取り出した金封を、たたんだふくさの上に乗せて、両手で差し出すのが正式な形です。

風呂敷も、色のマナーはふくさと同様です。こちらも品物を渡す際は、品物を取り出して風呂敷をたたんでから両手で渡します。

パート4

葬・祭

弔問と弔電の作法

故人とのお別れのあいさつでは、手伝えることは積極的に。

電話で訃報《ふほう》を受けた場合、近親者や親しい友人の場合は、ほかに連絡すべき人がいるかどうか尋ねましょう。遺族は心痛と疲労が重なっているので、少しでも協力する心遣いを見せましょう。遺族の了承が得られたら、普段着のままでかまわないので、弔問《ちょうもん》に駆けつけます。この段階では、喪服も香典も不要です。

弔問の場では、まず、遺族に手短にお悔やみのことばを伝えます。その後、遺族に故人との対面をすすめられたら、謹んで受けましょう。ただし、みずから対面を申し出たり、故人の顔をおおう白布を勝手に外したりするのは控えましょう。

故人との対面に、とくべつな作法はありません。ただし、故人と遺族に一礼することを忘れてはいけません。この礼を、ていねいにきちんとすることが、しっかりとした大人の印象をあたえます。

弔問の最後にひとこと、通夜や葬儀の手伝いを申し出ましょう。こうした気遣いは、自分の身内に不幸が起きた際にも必要になることで、助け合いの精神が大切です。

手伝いが必要なら、具体的な段取りなどを、わかる範囲で確認します。必要ないようなら、あらためて通夜か葬儀に参列しましょう。

遠方にいる場合など、通夜や葬儀に参列できないときは、弔電《ちょうでん》を打ちましょう。葬儀会場または故人の自宅あてに、葬儀の開始時刻までに届くように手配します。後日、あらためてお悔やみの手紙と香典も贈るようにします。

男の教養コラム

慶事と弔事が重なったら？

たとえば、友人の挙式の日に身内の不幸が重なったら、葬儀を選ぶのが一般的です。基本的には慶事より弔事を優先しますが、相手との関係性で決めてもかまいません。結婚式は準備がかかるものですから、身内の場合は優先してもいいでしょう。もし時間がずれているのであれば、葬儀と披露宴を掛け持ちしてもかまいません。

香典と供物、供花の作法

葬儀の席では、故人の宗教・宗派に留意が必要です。

香典には、故人の弔いと同時に、遺族の負担を軽減させる相互扶助的な意味もあります。通夜や葬儀に参列するしないにかかわらず、生前の感謝の気持ちを形にして、遺族へ贈り届けるのが大人の付き合いです。

香典は、不祝儀袋に収め、ふくさに包んで通夜か葬儀の席に持参します。参列できない場合は、現金書留で贈ること。黒白または銀の結び切りの水引の不祝儀袋で、結び目の上に表書き、下に氏名を書きます。中包みには、折り目のついたお札を入れましょう（金額の目安は、左ページの表を参照）。表書きと氏名には、「涙で墨も薄れる」との意味から、薄墨が用いられます。

香典で注意を払いたいのが、故人の宗教・宗派によって異なる「表書き」です。「御霊前」は、あらゆる宗教・無宗教で使える表書きです。仏式では、ほかに「御香料」「御

●香典の金額の目安

両親	5万～10万円
兄弟姉妹	3万～5万円
祖父母／おじ・おば	1万円
職場関係	3000～1万円
勤務先社員の家族	3000～5000円
友人・知人	3000～1万円
となり近所	3000～5000円

夫婦や家族で出す場合でも、上の金額でよい。

香典」などを使い、四十九日を過ぎると「御仏前」となります。蓮の花が描かれた不祝儀袋は、仏式専用です。神式では、「玉《たま》串《ぐし》料」「御《お》榊《さかき》料」などとします。

キリスト教式では、「御花料」とし、カトリックは「御ミサ料」、プロテスタントは「忌《き》慰《い》料」も使えます。水引のついていない、無地または十字架や花模様の入った不祝儀袋を用います。

「御霊前」はオールマイティーともいわれますが、葬式から「御仏前」とする浄土真宗では使いません。**通夜や葬儀の形式を事前に関係者から聞いて、失礼のないよう準備しましょう。**

◆供物や供花は親しい人に贈る

故人に贈る品物を「供物《くもつ》」、花を「供花《くげ》」といい、おもに親しかった人が贈ります。**置き場所をとるうえ、祭壇の形式にもかかわるものなので、かならず遺族の了解を得てから手配しましょう。**とくに斎場の外に飾る花環は、住宅の密集した都市部の葬儀では、敬遠される傾向にあります。遺族への配慮を欠かさないようにしましょう。

供物の内容は、線香やろうそく、干菓子《ひがし》、果物などが一般的です。お酒やコーヒーなど、故人の好物を供えるのもいいでしょう。黒白または銀の結び切りの水引のかけ紙に、「御供」「御供物」などの表書きをします。仏式では、肉や魚などの生臭物は避けます。キリスト教式の場合は、供物の習慣はなく、生花の供花のみとなります。

供花には、花環と、式場内に飾る生花があります。一般的に、花環は故人の勤め先や所属団体、生花は近親者や親しい友人が贈ります。手配する場合、花環は葬儀担当の葬儀社に、生花は葬儀社または生花店にお願いしましょう。

花の種類は、菊やユリ、カーネーションなど、白い花をベースにまとめるのが定番です。最近は、白にこだわらず故人の好きな花をあしらう場合もふえています。ただし、とげのあるバラや派手な原色系の花は避けましょう。

供物や供花は、香典と同じ意味のものなので、供物や供花を贈るなら、香典を贈る必要はありません。ただ、故人とのかかわりが深ければ、両方贈ってもいいでしょう。

葬儀の案内に「供物・供花はご辞退させていただきます」とあったら、香典はOKですが、お供えや生花は贈りません。「ご厚志《こうし》ご辞退申し上げます」とあった場合は、香典も含めすべて受け取らないという意味なので、先方の意向を尊重しましょう。

男の教養コラム

代理で参列するときは？

上司などの代理で通夜・葬儀に参列する場合は、まず受付で「○○の代理で参りました」と伝えます。芳名帳には上司本人の氏名を書き、その下に小さく「代」と書いたうえで、代理人であるあなたの氏名を書き添えます。不祝儀袋の表書きも、かならず上司本人の氏名で。本人の名刺を添えて渡してもかまいません。

弔辞の作法

形式がありますが、大切なのは故人を偲ぶ気持ちです。

遺族から弔《ちょう》辞《じ》を頼まれたら、名誉なことですから謹んで受けましょう。また、とくべつにお世話になった故人に対して、「弔辞を捧げたい」と遺族に申し出ることも失礼ではありません。

結婚式のスピーチとは異なり、弔辞は、かならず原稿を持参して読み上げ、最後に祭壇に供えるものです。その後も遺族が保管するため、巻紙に薄墨で書き、奉書《ほうしょ》紙《し》に包んで「弔辞」と表書きした正式なものを用意しましょう。簡略にするなら、白無地の便せんに万年筆、またはワープロ書きし、白無地の封筒に入れてもかまいません。

長さは、3分程度（800字前後）です。ほかに弔辞を読む人がいる場合は、内容が重ならないよう、事前にだれが読むのかをたずねてもかまいません。

弔辞の基本的な流れは、出だし（自己紹介とお悔やみのことば）↓故人への呼びかけ

↓死へのおどろきと哀悼の意↓故人を偲《しの》ぶエピソード↓残された者の決意↓遺族への慰めのことば↓結び（別れのことば）、となります。

大事なのは、形式よりも故人を偲ぶ気持ちです。**出だしと結びの形式さえととのっていれば、あとはあなた自身の素直な思いをことばにしましょう。**

胸の高さに持った弔辞に自然と視線を落とし、故人に語りかけるように読みます。

親族と祭壇に向けて礼をする際は、ゆっくりとていねいにすること、弔辞を持つ手の指先を伸ばすこと、これを意識するときれいな立ち居ふるまいに見えます。

男の教養コラム

弔辞にもタブーがある

事故死、自殺、他殺など、不慮の死の場合は死因に触れないようにします。病死でも、病状などには立ち入りません。遺族の前ですから、悲しみの表現もあまり大げさにはしないこと。「ご冥福をお祈りします」は、仏式の言い回しなので、キリスト教では、「安らかにお眠りくださいますよう」などのほうがふさわしいでしょう。

通夜の作法

故人を偲ぶ通夜では、控え目なふるまいこそが最大の気配りです。

通夜は本来、親しい人たちが故人との別れを惜しむ夜のことで、一般の弔問客は葬儀・告別式に参列するのが正式な形でした。でも最近は、通夜と葬儀・告別式のどちらか都合のいいほうに参列する形が一般的です。故人と親しかった場合は、できるだけ両方に参列します。ちなみに、神式では「通夜祭」「遷霊祭《せんれいさい》」、キリスト教式では「通夜の祈り（カトリック）」「前夜式（プロテスタント）」と呼ばれます。

仏式の通夜では、参列者が受付で香典を渡して、記帳をすませ入場したあと、僧侶の読経→遺族の焼香→弔問客の焼香という流れで進みます。焼香のあと、「通夜ぶるまい」の席に案内されることがあります。故人との思い出を語り合う場所ですから、誘われたら断わらずに箸をつけるようにしましょう。**当日の遺族の疲れに配慮し、長居はせず、30分以内に帰るのが大人のマナーです。**

通夜の服装は、葬儀とは異なり、喪服（礼服）である必要はありません。男性の基本は黒、またはダークスーツと考えれば問題ないでしょう。

会社帰りの場合は、白無地のワイシャツ、黒無地のネクタイ、黒い革靴と靴下をそろえれば間に合うので、会社のロッカーなどに用意しておくといざというときでも安心です。派手なかばんや傘は持ち込まないようにしましょう。

人が亡くなるのは、暑い夏か寒い冬の季節が多いものですが、弔いの席で上着を脱いだり、コートを着たままだったりするのは失礼にあたるので、慎みましょう。

男の教養コラム

精進料理だった「通夜ぶるまい」

仏教では、肉や魚など生臭物を避けるため、本来は、精進料理でもてなすものでしたが、最近は、おにぎりや寿司、サンドイッチなど手軽につまめるものが主流です。通夜ぶるまいをしない場合、あるいは焼香を終えてすぐ帰る人には、寿司などの折詰と酒類のセットを持ち帰ってもらう場合もあります。

葬儀と告別式の作法

故人の弔いは、作法にのっとり、気持ちを込めて。

葬儀（葬儀式）は故人を送る宗教的な儀式、告別式は大正時代にできた故人とお別れする社会的な儀式です。現代では、葬儀と告別式をいっしょに行なうことが多くなりました。また、近親者のみで密葬を行ない、後日、告別式を行なう場合もふえています。神式では「葬場祭《そうじょうさい》」、キリスト教式（カトリック）では「葬儀ミサ」と呼ばれます。

葬儀の服装は、喪服（正礼服・略礼服）が基本です。ただ、一般の弔問客は正礼服のモーニングや紋付き羽織袴よりも、略礼服のブラックスーツで十分でしょう。コートやかばん、靴下、ハンカチ、傘などが、色物・柄物だと目立ってしまいます。**黒か地味な色合いのものを、一式そろえておきましょう。**仏教徒であれば、数珠を持参するといいでしょう。

仏式の葬儀では、参列者が受付で香典を渡し、記帳を済ませ入場したあと、僧侶が読経を行ないます。葬儀のあとは告別式となり、弔辞と弔電の紹介↓焼香（読経）↓喪主のあいさつで閉会。出棺を参列者が見送ります。出棺のあとは、火葬↓収骨↓精進落とし（会食）、と続きます。

告別式のメインとなるのが、焼香です。これは仏式特有の、香によって仏を供養するという意味があります。焼香には、抹香《まっこう》（粉末状の香）と線香の2種類があり、葬儀と告別式ではおもに抹香を用います。焼香の方法には、座って行なう「座礼」、立って行なう「立礼」、香炉を盆に載せて回す「回し焼香」があります。

神式の場合は、「玉串奉奠《たまぐしほうてん》」といって、榊の枝に紙片をつけた玉串を祭壇に捧げ、二礼二拍手一礼をします。拍手は「しのび手」といって、肩幅に両手を開いて音を立てずに手を合わせます。神道では、儀式や礼拝の前に身を清めることから、式場に入る前に、ひしゃくの水で両手と口を清める「手水《ちょうず》の儀」を行なう場合もあります。

キリスト教式では、献花を行なうのが主流となっています。神に祈りを捧げる意味で、白菊やカーネーションなどを献花台に置きます。

仏教の場合は、宗派の作法に精通する必要はありません。周囲の人に合わせても、自分の宗旨にのっとって拝礼してもかまいません。肝心なのは、弔意を自分なりに表現することです。

◆世話役は喪家側の人間として気を抜かない

家族が亡くなり、喪家《そうか》になった場合は、さまざまな段取りが必要です。

仏式の葬儀を行なう場合、まず自家の菩提寺《ぼだいじ》（檀那寺《だんなでら》）に葬儀を依頼します。その際、僧侶に戒名をつけてもらいます。**菩提寺が遠方のため葬儀を頼めない場合でも、戒名は菩提寺にお願いしましょう。**白木の位牌《いはい》に書いた戒名を祭壇に安置し、四十九日の法要のころに、正式な位牌と交換します。

最近ではお寺離れが進み、「菩提寺がわからない」「ない」という場合もふえています。宗派がわかれば本山に連絡し、家の近くの寺院を教えてもらいましょう。宗派がわからない場合は、葬儀社に相談して、寺院を紹介してもらってもかまいません。

寺院や斎場ではなく、自宅葬を行なう人もいます。自宅葬の場合は、人や車の出入りがふえるため、近所の人たちにはその旨を伝えておきましょう。町内会にも知らせておくと安心です。

留守番をお願いしたり駐車スペースを借りたりなど、頼みごとをした場合は、葬儀後にお礼を忘れないようにしましょう。

親族や友人、ご近所、職場などの関係で、葬儀を手伝う「世話役」を引き受けることもあるでしょう。一般の弔問客から見れば、世話役は喪家側の人間です。世話役同士で世間話やうわさ話に興じるのは見苦しいのでNG。自分の係とは関係なくても、葬儀の進行やトイレの位置などは、把握しておいたほうがいいでしょう。

男の教養コラム

日本独自の「檀家制度」

家（檀家）が特定の寺院（檀那寺）に帰属し、布施をする代わりに、葬祭供養などのすべてを執り行なってもらうのが「檀家制度」です。これは、江戸時代の「寺請制度」にはじまった、家と寺院の結びつきの強い日本特有のものです。無断で檀那寺以外に葬儀や法要を頼むのは、その後のトラブルのもと。注意しましょう。

密葬・家族葬・自由葬

仏式だけでなく、自由な葬儀のスタイルが広まっています。

今、特定の宗教によらない、自由な形式の葬儀が広まっています。葬儀社主導であった従来の葬儀に対し、故人の遺志をできるかぎり尊重するのも最近の特徴です。身近な人が、「自分はこういうふうに送られたい」という希望をもっているなら、それをかなえてあげるのが、亡くなった方への最大の供養になるでしょう。

最近ふえているのが、「密葬」「家族葬」というコンパクトなスタイルです。遺族や近親者など、身内だけで行なうのが密葬ですが、「後日、あらためて本葬やお別れ会を行なう」「しずかに故人を送りたい」など、さまざまな理由から選ばれています。「親しい者だけで送りたい」との要望から、近親者だけで行なうのが家族葬です。手間はかかりますが、葬儀社や寺社にお願いすることなく、自分たちだけで行なうこともできます。

密葬や家族葬を行なう場合、亡くなったことを知らせなかった人にお知らせが必要となります。一般的には、死亡通知状で身内だけで弔った旨を知らせますが、あとから知った人たちが、次々と香典や供物を持って自宅まで弔問に訪れる場合もありえます。そうした事態を避けたい場合は、お知らせに「故人の遺志により、供物・香典は辞退したい」旨を明記しましょう。あるいは後日、「お別れ会」や「偲ぶ会」などを催す方法もあります。**弔問に来たいという方の気持ちも、尊重するようにしましょう。**

特定の宗教によらない自由な形の葬儀を、「無宗教葬」や「自由葬」と呼びます。自宅や斎場、公共施設などを会場にして、故人の写真や趣味の品を飾ったり、好きな花を生けたり、音楽を流したりして故人を偲びます。葬儀のすべてを自分たちで決めるため、遺族の準備や友人・知人の協力など、労力はかかりますが、思い出に残る葬儀になるでしょう。

無宗教葬・自由葬には、仏教でいう「四十九日」のような決まった法要がありません、お墓にも形式がありません。故人の遺志を尊重しつつ、無宗教葬・自由葬のプランをもつ葬儀社などと相談しながら、先々のことを決めていきましょう。

喪主のふるまい

遺族の顔である喪主。故人にふさわしい見送り役を務めましょう。

喪主は遺族の代表であり、葬儀の責任者です。故人が生前に喪主を決めていた場合をのぞき、親族で話し合って喪主を決めます。一般的に、故人の①配偶者、②子（長子）、③兄弟姉妹、が務める場合がほとんどです。葬儀費用を負担し、葬儀を運営する人を「施主《せしゅ》」と呼びますが、喪主と兼ねる場合が大半です。社葬は会社主催で行なわれるため、遺族が喪主、会社が施主となります。

喪主は、葬儀全般の中心となる存在です。しかし、葬儀運営の隅々までは手が回らないため、親族や友人の中から世話役代表（＝葬儀委員長）を依頼し、葬儀社とともに実務を取り仕切ってもらいます。社葬の場合は、重役クラスの人が代表を務めます。

さらに、自宅で葬儀を行なう場合は、葬儀の実務を担当する世話役を、親族や近所の人、職場関係者などにお願いすることになります。

●葬儀のおもな係とその役割

喪主	祭司や葬儀社・世話役代表との打合せ、喪主あいさつ、関係者へのお礼など
世話役代表	葬儀全般のとり仕切り、各世話役への指示、弔問客へのあいさつなど
受付係	弔問客の受付と案内、香典や供物、供花、弔電の受付と管理
会計係	香典など、葬儀に関する現金の出納管理
返礼品係	返礼品（会葬礼状）を管理し、弔問客に渡す
接待係	通夜ぶるまいや精進落としなど飲食物の用意
道案内係	最寄りの駅から葬儀会場までの道案内

喪主が未成年の場合は、後見人を立てることもある。

斎場で葬儀を行なう場合は、ほとんど斎場の係員にまかせることができます。ただし、香典などのお金をあつかう受付と会計を、葬儀社は引き受けません。**かならず、信頼できる人に世話役を頼みましょう。**

なお、世話役に選ばれた人たちは、黒い腕章や白黒のリボンといった「喪章」をつけることがあります。

喪主と世話役代表、および各世話役のおもな役割は、上の表を参照してください。ほかに、葬儀の規模に応じて、携行品係や駐車場係など、必要な係がふえることもあります。適宜、世話役代表と相談しながら進めましょう。

◆喪主として決めることは迅速に

死亡から葬儀まで、喪家、とりわけ喪主は、短いあいだに目が回るほどいそがしい時間をすごすことになります。通夜や葬儀のあいだでも、個別に弔問客がお悔やみに訪れたり、予期せぬトラブルに見舞われたりすることもあるでしょう。しかし、その一つひとつに、事細かに対応する必要はありません。

葬儀中の最大の役割は、遺族代表として落ち着いて構えていることです。弔問客にことばをかけられたら、手短にお礼のことばを返すか、黙礼をするだけでも失礼にはあたりません。こまかな対応は、葬儀社や各世話役にまかせればいいのです。

結婚式とはちがい、葬儀は、短期間に多くのことを決めなければなりません。故人が、生前に死後の段取りを伝えている場合もありますが、多くのことは喪主が遺族と相談しながら即断する必要があります。

逆に、喪主があまり動き回ってしまうと、葬儀社のスタッフや各世話役への指揮系統が乱れ、現場が混乱するもとになります。

葬儀や法要の形式については、親族が多く伝統を重んじる家であるほど、さまざまな意見を調整する必要がありますが、最終的には喪主の判断にゆだねられます。

形式が決まったあとも、だれに葬式の連絡をするか、だれになんの手伝いを頼むか、だれにいくらお礼を渡すかなど、とりわけ「人」と「お金」に関しては決めることが山積みです。判断がつかない場合は、世話役代表などにゆだねてもいいでしょう。

通常の葬儀では、喪主は計3回、弔問客に向けてあいさつをします。

はじめは、通夜ぶるまいの席です。ここでのあいさつは簡潔でかまいませんが、葬儀の日程については忘れず伝えましょう。次は、葬儀の終わり、出棺前のあいさつです。ここは、故人のエピソードなども交え、多少長めでもいいでしょう。ただし、屋外で行なう場合が多いため、雨天や荒天時は短めにしましょう。最後が、精進落としの席でのあいさつです。葬儀が無事終了したことへのお礼を中心に、手短にあいさつをしましょう。

いずれのあいさつも、負担が大きければ世話役代表に頼んでもかまいません。

布施と心づけの作法

葬儀当日の最後の仕事は、関係者へのお礼を渡すことです。

葬儀のあとも、喪家の事務手続きは続きます。葬儀社への支払い以外の、僧侶への布施や関係者への心づけの作法を知っておきましょう。なお、すべての葬儀費用は相続税の控除対象となりますので、金額は出納帳に明記し、領収書があれば保管しておきましょう。

僧侶へのお布施（お礼）ですが、これは感謝の気持ちのあらわれなので、とくに金額の目安はありません。いくら包めばいいのか、わからない場合は葬儀社に相談するか、あるいは僧侶本人に直接尋ねても失礼にはあたりません。水引なしの白無地袋に「御布施」「御法礼」の表書きで贈ります。

お布施とはべつに、５０００～１万円程度の「御車代」「御膳料」も同じように包んで渡します。なお、神式の場合は、お布施ではなく「御祭祀《さいし》料」「神饌《しんせん》料」、キリスト教式の場合は、「献金」「御花料」などとなります。

葬儀当日にお世話になった世話役にも、その日のうちに心づけを贈りましょう。

金額の目安は、世話役代表には1万〜2万円、ほかの世話役には5000〜1万円程度です。白無地の封筒か小型の不祝儀袋を用意して、「御礼」「志」などの表書きで贈ります。

霊柩車や送迎のハイヤー・マイクロバスの運転手、斎場や火葬場の係員などにも2000〜5000円程度の心づけを忘れずに。これらは、白のポチ袋に入れて渡しましょう。

男の教養コラム

表裏・前後がある「座布団」

座布団をすすめる際、表裏や前後をまちがえて出すのは恥ずかしいものです。座布団の中央にある「しめ糸」に、ふさがついている側が表。四辺のうち、ひとつだけ縫い目のない輪になっている辺が前、になります。落語の寄席《よせ》では、前座の人が座布団を返す「高座返し」の習慣がありますが、裏表は正しく使うのが作法です。

香典返しの作法

無理のない範囲でお礼の気持ちを贈りましょう。

香典は本来、遺族の負担を扶助する意味のもので、かならずしも返礼が必要ではありません。なので、香典を遺族の生活費にあててもかまいませんし、福祉団体などに寄付するのも自由です。ただ昨今は、忌明けの礼状とともに品物を贈る風習が定着しています。香典返しを贈らない場合は、あいさつ状にその旨を記しておけば、誤解を生みません。会社名義の香典には、基本的にお返しする必要はありません。

香典返しのタイミングには、通夜や葬儀当日に渡す「即日返し」と、四十九日の忌明けを待って贈る「忌明け返し」があります。即日御礼の場合は、弔問客全員に渡す「会葬御礼」のあいさつ状とともに、一律に２０００～３０００円程度の返礼品を渡します。香典帳の整理が不要、配送料がかからない、などのメリットがあります。

香典返しの品物は、タオル類、洗剤、お茶などの残らないものが定番ですが、最近はカタログギフトもふえています。

金額の目安は、香典の3分の1〜半額程度。黄白や黒白結び切りの水引のかけ紙に、「志」の表書きで贈ります。神式の場合は「志」「偲草《しのびぐさ》」、キリスト教式の場合は「感謝」「記念品」など。弔電のみをいただいた方には、香典返しの必要はなく、礼状だけを送ります。

また、葬儀の翌日には、喪主が寺社や教会を訪れ、あいさつをします（その際にお布施を渡しても可）。そのほか、世話役代表など葬儀でお世話になった人たちには、初《しょ》七日《なのか》までにあいさつ回りをすませるのが正式です。

男の教養コラム

故人の勤め先へのあいさつ回り

家族が在職中に亡くなった場合は、事務手続きがあるため、故人の勤務先へのあいさつ回りは必須です。事前に人事担当者に問い合わせて、必要な書類や印鑑を持参すること。厚生年金の遺族給付請求をはじめ、死亡届の提出、社員証の返却、勤務中に死亡した場合は労災保険の申請などです。故人の私物も引きとりましょう。

納骨と四十九日の作法

忌明けのタイミングで納骨を。最近は永代供養墓も人気です。

納骨の時期に、法的な決まりはありません。すでに墓地がある場合は、初七日から四十九日の法要までに納骨式を行なうのが一般的です。**忌明けまでに墓地の準備ができていない場合は、自宅に安置するか、寺院や霊園などの納骨堂に一時的に仮納骨します。**その後、一周忌や三回忌などの法要に合わせて納骨できるように、墓地を準備するといいでしょう。

神式の場合は、忌明けとなる五十日祭か百日祭、一年祭などの霊祭に合わせて、神職の立ち合いのもと「埋葬祭」という形で納骨します。キリスト教式の場合は、死後1カ月目、カトリックなら「追悼ミサ」、プロテスタントなら「昇天記念日」に、神父あるいは牧師の立ち合いのもと納骨するのが一般的です。

仏式の納骨式では、骨壺を墓に納める↓卒塔婆《そとば》を立てる↓生花や供物、線香を墓前に供える↓僧侶が読経をする↓参列者が焼香する、という流れが一般的です。ただし、浄土真宗は卒塔婆を立てません。服装は、喪服（略礼装）が基本です。

納骨式のあとは参列者を会食に招き、労をねぎらいます。僧侶には、謝礼としてお布施を渡します。金額の目安は、3万～5万円程度です。遠方の場合は「御車代」、卒塔婆を用意してもらった場合は「御卒塔婆料」も合わせて渡しましょう。

葬儀で用意した白木の位牌は、忌明けや納骨のときに菩提寺に納めます。かわりに、新しくつくった漆塗りの本位牌に魂入れをしてもらい、仏壇に納めます。

男の教養コラム

高価なものの形見分けに注意

四十九日までに遺品の整理をすませ、故人と親しかった人に遺品を記念として贈るのが「形見分け」です。衣類や装身具、蔵書、趣味の品などです。基本的に、目上の人には贈らないとされます。高価なもの（目安として時価110万円以上）は、相続の対象となり贈与税が発生する場合があるので、気をつけましょう。

法要の作法

節目の年に行なわれる法要で、故人を偲びましょう。

仏教では、忌が明ける四十九日までの7週間を「中陰《ちゅういん》」と呼び、死後7日ごとに法要を行ない、死者を弔います。現在ではその多くが省略され、三十五日または四十九日に忌明けの法要をして、納骨を行ないます。その後は、百カ日、一周忌、三回忌……と年忌法要を行ない、三十三回忌で弔い上げとする場合が一般的です。いつまで弔うという決まりはありませんが、故人にゆかりのある人は年々へっていくもの。遺族間や寺社との親ぼくのためにも、供養を続けることに意味はあるでしょう。

神式の場合は、法要を霊祭と呼び、「霊前祭」と「祖霊祭《それいさい》」があります。霊前祭は、葬儀の翌日の翌日祭にはじまり、十日祭、五十日祭（忌明け）、百日祭、一年祭と続くもので、以後は祖霊祭として、三年祭、五年祭、十年祭と続きます。カトリックの場合は、死後3日目、7日目、1カ月目、1年目などに教会で「追悼ミサ」を行な

●仏式のおもな年忌法要

初七日	死後7日目	百カ日	死後100日目
二七日	死後14日目	一周忌	死後1年目
三七日	死後21日目	三回忌	死後2年目
四七日	死後28日目	七回忌	死後6年目
五七日（三十五日）	死後35日目	十三回忌	死後12年目
六七日	死後42日目	三十三回忌	死後32年目
七七日（四十九日）	死後49日目		

三十三回忌以降には、「五十回忌」「百回忌」などがある。

います。プロテスタントは、死後7日目、10日目、1カ月目や1年目の命日などに「召天記念式」を行ないます。

仏式法要は、施主のあいさつ→僧侶の読経→参列者の焼香→墓参り、と進むのが一般的。法要のあと、会食を行なって終わりとなります。僧侶への謝礼などは、納骨式の場合（189ページ参照）と同じです。

法要での服装は、一周忌までは喪服（略礼装）とし、それ以降は地味な平服にしましょう。供物や供花の代わりに香典を持参するのが一般的ですが、その場合は黒白や双銀の結び切りの水引の不祝儀袋に「御仏前」「御供料」などの表書きにします。

◆新盆供養では盆棚をにぎやかに

7月または8月13日~16日ごろに祖先の霊が家に帰るとして、供養する仏式の行事が「お盆(盂蘭盆会《うらぼんえ》)」です。故人が亡くなってはじめて迎えるお盆を「新盆《にいぼん》」と呼び、親戚や知人を招いて盛大に供養する風習があります。四十九日の忌明け前にお盆を迎える場合は、翌年に新盆供養を行ないます。

遺族は法要と同じように喪服を着て、供物や故人の好物などを、仏壇の前に設ける盆棚に供え、僧侶に読経してもらいます。身内が白い提灯を用意し、親戚や知人が色柄入りの盆提灯を贈る習わしもあります。ほかの法要と同じように、招かれた人は香典や供物を持参し、施主は僧侶に謝礼を渡すのが一般的です。

法要は形式以上に、故人を偲ぶ心が大切。思い思いの品を持ち寄って、盆棚をにぎやかに飾ったほうが故人もよろこぶでしょう。

盆棚は、笹の支柱にイネ科の植物である真菰《まこも》の綱を張り、真菰のござを敷いてつく

●位牌を中心に飾る盆棚

供物や飾りかたは、宗派や地域で異なる。

ります。**棚の飾りかたは、宗派や地方によって異なるので確認を。**中央に位牌を飾り、香炉《こうろ》や鈴を置くほか、ききょうなどの盆花、明かりの意味をもつほおずきなど、さまざまな供物で飾られます。

なかでも特徴的なのが、きゅうりやなすに苧《お》がらを刺して、馬や牛に見立てた飾り「精霊馬《しょうりょううま》」です。これらは魂が乗る乗り物。きゅうりの馬には「あの世から早く家に戻ってきてください」というお迎えの願いが、なすの牛には「ゆっくりとあの世へお帰りください」という見送りの願いが込められているといわれています。

六曜と干支の作法

冠婚葬祭と関係が深いのが、暦に記された「六曜」と「干支」です。

日の吉凶を区別する「六曜《ろくよう》」は、「先勝《せんしょう》、友引、先負《せんぶ》、仏滅、大安、赤口《しゃっこう》」の六輝のことで、室町時代に中国から伝わったとされます。もともとは、一日の時間の吉凶を占うものでした。それが、江戸時代に、日にちの吉凶を占うものになり、その日ごとに運勢が定められ、冠婚葬祭などの儀式の日どりを決める際に重視されてきました。

たとえば、結婚式などのお祝いごとにもっともふさわしいのが大安、次が友引とされます。逆に、そうした慶事やお見舞いに避けたいのが仏滅です。友引も「友を引く」の意味から葬式には避けたほうがいいとされます。

「干支」は、古代中国の天文学をもとにした「十二支」と、陰陽五行の「十干」を組み合わせて暦にあてはめたもの。**新年に干支の動物の置物を飾るのは、厄除けの効果があるとされているためです。**

●六曜の意味

先勝	急いだほうがいい日。午前が吉、午後が凶
友引	午の刻のみ凶。慶事に○、弔事に×
先負	急いではいけない日。午前が凶、午後が吉
仏滅	仏も滅する大凶の日。慶事に×
大安	大吉の日。慶事に◎
赤口	凶の日。午の刻のみ吉

仏滅は、「物滅」と書くこともある。

自分の生まれた十二支と同じ十二支を迎えた人のことを、「年男・年女」と呼びます。節分の豆まき役になるなど縁起がいいとされますが、いっぽうで厄年とも重なるため凶とする考えもあります。

干支にまつわる言い伝えもあり、「丙午《ひのえうま》年生まれの女性は悪女になる」として、1966（昭和41）年に出生数が大幅に落ち込んだこともありました。

現在では根拠のない迷信ということで、六曜や干支の習わしを気にする人は少なくなりましたが、しきたりを重んじる家柄や地域では気にする方もいるので、頭に入れておいたほうがいいでしょう。

二十四節気の作法

季節の節目には、さまざまな行事やお祝いがあります。

「二《に》十《じゅう》四《し》節《せっ》気《き》」は、旧暦での季節の節目を表わすことばで、一年を24等分したもの。時候のあいさつや、俳句の季語など、季節感を表わすことばとして使われます。旧暦で表わされているため、実際の寒暖の感覚とはずれて感じられるかもしれません。しかし、日本人の細やかな季節感が込められたことばは、後世に残したいものです。「立春」「冬至」「寒中見舞い」なども、二十四節気をもとにした風習です。

冬至の日には、カボチャを食べて柚子《ゆず》湯に入る風習があります。冬至の日には「ん」のつくものを食べると運気があがるとされ、「南瓜（南京）」と書いたカボチャが好まれました。**柚子湯に入るのは、運を呼び込む前に体を清める「禊《みそぎ》」のためです。**強い香りのする植物で邪気を払ったのです。柚子は「融通」がきく、湯は冬至を「湯治」にかけた語呂合わせの意味もあるといわれます。

●二十四節気と季節の特徴

春	
立春　（2月　4日ごろ）	春のはじまり
雨水　（2月19日ごろ）	雪から雨に変わる
啓蟄　（3月　6日ごろ）	冬眠していた虫が動き出す
春分　（3月21日ごろ）	昼夜の長さが等しくなる
清明　（4月　5日ごろ）	草木が芽吹く
穀雨　（4月20日ごろ）	穀物を潤す雨が降る
夏	
立夏　（5月　6日ごろ）	夏のはじまり
小満　（5月21日ごろ）	若葉が茂る
芒種　（6月　7日ごろ）	穀物の種をまく
夏至　（6月22日ごろ）	一年でもっとも昼が長い
小暑　（7月　8日ごろ）	日差しが強まり、暑さが増す
大暑　（7月23日ごろ）	梅雨が明け、一年でもっとも暑い
秋	
立秋　（8月　8日ごろ）	秋のはじまり
処暑　（8月23日ごろ）	暑さが収まり、穀物が実りはじめる
白露　（9月　8日ごろ）	草に露がつき、風が涼しくなる
秋分　（9月23日ごろ）	昼夜の長さが等しくなる
寒露（10月　9日ごろ）	秋晴れが続き、朝晩が寒くなる
霜降（10月24日ごろ）	秋が深まり、夜間が冷え込む
冬	
立冬（11月　8日ごろ）	冬のはじまり
小雪（11月23日ごろ）	山に雪が降りはじめる
大雪（12月　8日ごろ）	冬の寒さが増す
冬至（12月22日ごろ）	一年でもっとも昼が短い
小寒　（1月　6日ごろ）	寒さがきびしくなる
大寒　（1月20日ごろ）	一年でもっとも寒い

日にちは、年によって数日ずれる場合がある。

五節句と雑節の作法

健康を願う五節句では、季節のごちそうをいただくのが習わしです。

「五節句」は、中国から伝わった風習で、1月を除き奇数がゾロ目になる日をめでたいとしてお祝いをします。江戸時代には、公的な祝日として法制化されました。無病息災を願って七草がゆなど、季節のごちそうを食べる風習もあります。

①人日《じんじつ》の節句〈1月7日〉……七種の若菜を羹《あつもの》にして食べると年中無病になるという言い伝えから、七草がゆの風習が広まりました。春の七草（せり、なずな、ごぎょう、はこべら、ほとけのざ、すずな、すずしろ）は、滋養に富み消化にもすぐれたもので、冬場に不足しがちなビタミンを補い、年末年始の疲れた胃をいたわる効果があります。

②上巳《じょうし》（桃）の節句〈3月3日〉……女の子のすこやかな成長と幸せを祝う行事。ひな人形や桃の花を飾り、ちらし寿司やはまぐりのお吸い物でもてなします。ひな人形の飾りつけは、早いぶんにはかまいませんが、前日に飾る「一夜飾り」は避けましょう。

また、「片づけが遅いと婚期が遅れる」という言い伝えもあります。

③端午《たんご》の節句〈5月5日〉……男の子の成長や立身出世を願う行事。武者人形や鎧《よろい》兜《かぶと》、鯉のぼりを飾り、ちまきや柏もちをふるまいます。「菖蒲《しょうぶ》の節句」とも呼び、邪気を払う力があるとされる「菖蒲湯」に入ります。血行促進や疲労回復効果があり、風邪の予防にもなるとされます。

④七夕の節句〈7月7日〉……笹竹を七夕飾りで彩り、願いごとを書いた短冊を吊るしておくと、その願いがかなうとされます。七夕をお盆の入りとする地域や、8月に七夕の行事を行なう地域もあります。そうめ

男の教養コラム

衣替えの起源は平安時代

年に2回、6月1日と10月1日に行なわれるのが「衣替え」です。最近は、クールビズの普及で、日付を知らない人もいるようですが、学校や企業の制服は、6月1日から夏服、10月1日から冬服に切り替わります。もとは平安時代の「更《こう》衣《い》」という宮中行事にはじまり、江戸時代に現在の日づけとなりました。

んを食べる習慣もあります。

⑤重陽《ちょうよう》の節句〈9月9日〉……五節句のなかでもとくにめでたい日とされ、不老長寿を願って菊酒や栗ごはんでお祝いをします。

◆日本の風土に根づいた「雑節」

二十四節気を補うために定められた「雑節《ざっせつ》」は、農作業を行なううえでの目安とされていました。現代では、季節行事として親しまれているものもあります。日本の風土に根づいたこれらの行事を、次世代へと引き継いでいきたいものです。

・**節分**〈2月3日〉……本来は、季節の変わり目である立春、立夏、立秋、立冬の前日を意味しましたが、現在では春の節分のみを指します。焼いたいわしの頭をひいらぎの枝に刺し、家の戸口に飾って厄除けとする風習があります。夜に行なう「豆まき」は、季節の変わり目にふえる災害や疫病を鬼に見立て、豆をまいて鬼を追い払う儀式です。

・**八十八夜**〈5月1日ごろ〉……立春から数えて88日目にあたる日。「八十八」を組み合わせると「米」の字になり、また、末広がりで縁起のいい「八」が重なることから、田の神さまに豊作を祈る日となりました。農作物の種まきをはじめる時期ともされます。

・**入梅**《にゅうばい》〈6月11日ごろ〉……立春から数えて135日目を梅雨入りと呼び、この日から30日間が梅雨とされます。「梅雨」の語源は、この時期に梅が熟すことからとされます。

・**土用**《どよう》〈7月20日ごろ〉……立春、立夏、立秋、立冬の前の18日間を「土用」といいますが、現代では立秋前の夏の土用を指します。1年でもっとも暑い時期のため、夏バテ解消の意味でうなぎを食べる習慣があります。ほかにも、土用のあいだの丑の日に、梅干しやうりなど「う」のつく食べ物を食べると病気にならないとされます。また、土用のあいだの晴れた日に、衣類や書画などを陰干しにして風を通すことを、「土用干し」（虫干し）といいます。

このほか、「彼岸《ひがん》」（208ページ参照）、7月2日ごろの「半夏生《はんげしょう》」、9月1日ごろの「二百十日」があります。

正月の習わし

一年の計は元旦にあり。正月ならではの行事の意味をおぼえましょう。

年中行事のなかで、日本人がもっとも重視してきたのがお正月です。お正月のしきたりや作法、ことばには、こまかな習わしや奥深い由来があります。

・**初日の出**〈1月1日〉……その年の最初に昇る太陽を拝み、幸運を祈ります。「ご来光」とは、山の頂上近くの雲に映った人の影が、光の輪を背にした仏像のように見えたことから、仏の「ご来迎」との語呂合わせで呼ばれるようになったとされます。

・**書き初め**〈1月2日〉……新年にはじめてくんだ水「若水《わかみず》」で墨をすり、恵方《えほう》に向かっておめでたい詩歌を書いたのが、はじまりとされます。

・**初夢**〈1月2日〉……2日の夜に見る夢、とするのが一般的です。七福神の乗った宝船の絵を枕の下に入れて寝ると、おめでたい夢が見られるとされます。

・**松納め**〈1月7日ごろ〉……門松などの正月飾りを取り外すことで、元日から松納

●正月飾りの縁起物の由来

うらじろ	後ろ暗くない＝潔白な心
ゆずり葉	福を後世に譲る
橙《だいだい》	家系が代々繁栄する
昆布	「よろこんぶ＝喜ぶ」の語呂合わせ
伊勢海老	腰が曲がるほどの長寿

門松の主材料である松と竹も、縁起物として重用される。

めまでを「松の内」と呼びます。とり外した門松やしめ縄は、1月15日に神社などで行なわれる「どんど焼き」で燃やす風習があります。

・**鏡開き**〈1月11日〉……供えていた鏡もちを下ろし、雑煮や汁粉にしていただきます。縁起物を刃物で切るのは不吉とされるため、小槌などで叩いて割るのがしきたりです。

・**小《こ》正月**〈1月15日〉……旧暦の正月にあたる日です。元日を「大《おお》正月」とするのに対してこう呼ばれます。どんど焼きや、その火でもちを焼く「左義長《さぎちょう》」などの火祭りが行なわれます。「火にあたると病気にならない」「火で焼いたもちを食べると厄除けになる」「書き初めが燃えて舞い上がると字が上手になる」など、さまざまな言い伝えがあります。

◆お正月を彩る品々にもしきたりや由来がある

・**門松**……新しい歳神さまを迎えるための、目印とされるもの。三本の竹を松で囲んだものを、門に左右一対に飾るのが正式な形です。12月28日までに立てましょう。29日に立てるのは「苦松《くまつ》」、大晦日に立てるのは「一夜飾り」といって避けられます。

・**しめ飾り**……しめ縄でつくった飾りで、歳神さまを迎える神聖な場所を示すもの。しめ縄にうらじろ、ゆずり葉、橙などをあしらった「玉飾り」と、略式の「輪飾り」があります。玉飾りは玄関正面に、輪飾りは家の中や勝手口、車などに飾ります。門松と同様に、29日や大晦日は避けましょう。

・**鏡もち**……鏡に見立てた丸もちを用いた、歳神さまへのお供え物。三方《さんぼう》（食べ物を供えたり儀式でものを載せたりする台）の上に奉書紙を敷き、四手《しで》（切り込みを入れた白い紙）を垂らし、うらじろとゆずり葉の上にもちを載せます。その上に昆布や橙を飾る形が一般的です。玄関か床の間に飾ります。

・**おせち料理**……おせちはもともと、神さまに供える「節供《せっく》料理」に由来します。次第に正月だけの祝い膳として、家族の健康、子孫繁栄などを祈ってふるまわれるようになりました。五段重ねのお重に、品数が奇数になるよう、四隅を空けずに詰めていくのが一般的です。黒豆はまめまめしく働ける健康を、数の子は「数の多い子」から子孫繁栄、田づくり（ごまめ）は豊作祈願、昆布は「よろこぶ」から縁起物、栗きんとんは「黄金のだんごと小判」から財を成す、というようにそれぞれ由来があります。

・**雑煮**……歳神さまに供えた土地の収穫物を、元日に下げていっしょに煮たもの。関東では切りもちを焼いて入れたすまし汁、関西では丸もちをゆでた白みそ仕立てが主流です。土地ごとに収穫物が異なるため、地域色豊かな郷土料理となります。

・**お屠蘇《とそ》**……新年のあいさつのあとに飲む、無病長寿を願う祝い酒。日本酒かみりんに「屠蘇散」と呼ばれる漢方薬を浸したものです。「若者の生気を年長者に分ける」という意味で、年少者から順にいただくのがしきたりです。最年長者が最年少者にそそぎ、飲み干した最年少者が次に若い人にそそぐ、という順番で盃を進めます。

初詣と参拝の作法

神社では作法にのっとった「神さまへのふるまい」を。

古くは、一家の家長が大晦日に氏神さまの社にこもり、徹夜で家族の無病息災を祈願した「年ごもり」の風習にはじまり、それが「元日詣で」となり、初詣の原型となったとされます。自宅から見て、もっとも縁起のよい方角「恵方」にある寺社に参拝する「恵方参り」も起源とされますが、現在では、恵方や氏神さまにこだわらない人もふえました。**松の内までが一般的ですが、できれば三が日のあいだにすませましょう。**

次世代の手本になるよう、神社の参拝の手順はしっかりおぼえましょう。

①浅く一礼して神社の鳥居をくぐる……鳥居や参道の中央は、「正中《せいちゅう》」という神さまの通り道とされます。中央を避けて、どちらかの端に寄りましょう。右に寄ったら右足から、左に寄ったら左足から踏み出します。

②参道の端を歩いて境内《けいだい》に向かう……正中を避けて歩きます。もし正中を横切る場合

は浅く一礼してから進みましょう。
③手水舎《てみずや》で、ひしゃくに水を汲んで両手と口を清める……清める順は、左手↓右手↓口↓左手↓ひしゃくの持ち手で、一杯の水ですませます。口を清める際は、左手で水を受けて、その水で口をすすぎます。
④拝殿の前で一礼し、鈴を鳴らして賽銭《さいせん》を納める……拝殿の前でも、少し正面からずれて立ちます。鈴は邪気を払う意味もあるので、しっかり鳴らしましょう。賽銭は遠くから放り投げるものではありません。「そっと賽銭箱に納める」のが正解です。「二礼二拍手一礼」はていねいに。一礼を終えたら、右足からあとずさり、拝殿を出ます。
⑤ふたたび参道の端を歩いて帰り、鳥居を出たら一礼する……古いお守りやお札、破《は》魔矢《まや》は、お札納め所に返納します。同じ神社の前年のものが基本ですが、ほかの神社のものや数年前のものであっても納められます。おみくじを寺社の木の枝に結ぶ習慣が広まっていますが、結果にかかわらず、財布に入れて持ち歩いたり自宅の神棚に上げたりするほうが、その教訓を生かせるでしょう。お酒に酔った状態や、大声をあげるのは、神さまに失礼です。男性はとくに気をつけましょう。

彼岸とお墓参りの作法

年に二度訪れるお彼岸は、日本独自の先祖供養です。

昼夜の長さが等しくなる春分の日と秋分の日を中心に、それぞれ前後3日間を加えた計7日間を「彼岸」といいます。インドの古語であるサンスクリット語で、「あの世＝極楽浄土」の意味があります。1年でもっともあの世とこの世が近づく期間とされ、初日を「彼岸の入り」、最終日を「彼岸の明け」と呼びます。

日本では、もともと仏教にあった「彼岸会《ひがんえ》」という法要に、日本独自の先祖供養の風習が結びつき、墓参りの習慣として定着しました。

「暑さ寒さも彼岸まで」ということばがあるように、気候がおだやかで祝日もあるお彼岸の期間は、遠方のお墓を訪れるのにちょうどいい機会です。故人にとってはじめてのお彼岸では、僧侶を招いて読経したり、卒塔婆を立てたりして供養することもあります。

お墓参りにも作法があります。ぜひおぼえましょう。

年忌法要以外の、お彼岸やお盆などの墓参りでは、とくに喪服を着る必要ありません。僧侶が読経しないかぎりは、お布施も必要ありません。

菩提寺《ぼだいじ》の墓地の場合は、先に本尊にお参りし、住職へのあいさつをすませましょう。

宗教・宗派を問わず、墓参りでまずするべきことはそうじです。必要な持ち物は、スポンジやぞうきん、水桶やひしゃく、ほうき、ごみ袋など。基本的な道具は、墓地の管理事務所で借りることができます。

手洗い場で手を洗い清めてから、手桶に

男の教養コラム

ぼたもちとおはぎのちがい

お彼岸のお供えの定番が、「ぼたもち」と「おはぎ」ですが、もちをあんこでくるんだ同じ和菓子なのに呼び名が異なるのには、理由があります。春は牡丹《ぼたん》＝ぼたもち、秋は萩＝おはぎと、季節の花にちなんで呼び分けられているのです。ほかにも、だんごやのり巻き、いなり寿司などをお供えする地域もあります。

水をくんで墓へと向かいましょう。

墓の周辺の雑草や落ち葉、香炉の灰などをとりのぞきます。植木がある場合は、剪《せん》定《てい》します。出たごみや雑草は、ごみ袋に入れて所定の場所に捨てましょう。

周囲をきれいにしたら、墓石を清めて磨きます。先祖が眠る、大切な場所です。「洗う」のではなく、「清める」という気持ちで行ないます。たわしや洗剤で磨き洗いをすると、墓石が傷む恐れがあります。スポンジや小さなブラシなどで、ふきとるように汚れを落としましょう。お酒を墓石にかけると、変色やカビの原因になるのでおすすめできません。花筒や線香皿などの小物も忘れずに、なかまできれいに洗いましょう。墓石も小物も、最後にタオルで乾《から》拭きをして水気をとります。

◆線香を口で吹き消してはダメ

そうじを終えたら、花筒にきれいな水を入れ、花を立てます。茎が長いと花が倒れやすくなります。長さをととのえてから、立てましょう。

食べ物を供える場合は、下に半紙を敷いて、墓石が汚れないようにします。線香は火をつけたら、手であおいで消し、香炉なら立てて、線香皿なら寝かせます。息で吹き消したり、振って消したりするのはＮＧです。ろうそくの場合も同様です。

そのあと、故人とゆかりの深い人から順に、ひしゃくで墓石に水を注ぎ、ひざまずいて合掌をします。数珠を持って行なうのが正式です。

お墓参りは、後始末も肝心です。**しばらくお参り客が来ないことを考えて、墓のまわりはきれいに片づけることが基本です。**供花と線香以外の、とくに食べ物のお供えは、腐ったり動物があさったりする恐れがあるため、かならず持ち帰りましょう。

男の教養コラム

先祖供養は墓に行くのが第一歩

お彼岸やお盆などの行事は、先祖供養の絶好の機会です。ふだん墓と疎遠になっている人も、ご先祖に思いを馳せたり、菩提寺と交流を深めたりするなど、「供養の習慣」を身につけてみてはいかがでしょう。なにかのついでにお墓に寄る「ついで参り」は戒められてきましたが、とにかくお参りすることが第一です。

お花見の作法

桜は日本の心。宴席は「楽しく品よく」を心がけて。

本来のお花見は、田の神様を迎えるための行事で、農民たちが農繁期の前に酒と料理をお供えし、豊作を祈るものでした。それが、貴族たちが奈良時代には梅を、平安時代には桜を観賞するようになりました。桜を見に野山に遠出する「桜狩り」、庭の桜を見ながら詩歌を詠《よ》んだり音楽を奏でたりする「花宴《はなうたげ》」など、貴族の遊びとして広まりました。今の花見の形が庶民に広まったのは、江戸時代とされます。

現代の花見は、桜の下に料理やお酒を持ち寄り、宴会を開くのが定番のスタイルです。桜の開花時期が3月下旬〜4月上旬のため、会社や学校の歓送迎会として行なわれることも多いようです。花見の宴会は解放感のためか、とかく締まりがなくなるもの。幹事は適宜余興を盛りこむなどして会を演出しつつ、飲酒の強要やセクハラ行為がないか、さりげなく目を配りましょう。

時間制限がないからといって夜通し宴会を開くのは、近隣への迷惑になります。夜間の冷え込みで風邪をひくおそれもあるので、やめたほうがいいでしょう。

花見のマナーとして気をつけたいのが、トイレとごみの問題です。あまりトイレ事情のよくない場所で行なわれることが多いので、幹事はトイレの場所を確認しておくと、とくに女性にとって安心です。

ごみ捨て場付近にごみの山ができている光景は、桜の美しさを汚す見苦しいもの。**面倒でもごみは持ち帰るのがエチケットです。**桜の枝を折るのがマナー違反なのは、いうまでもありません。

男の教養コラム

10回叩いて丸くおさめる「手締め」

宴席で行なう手締めの代表が、「パパパン　パパパン　パパパン　パン」を3回する「三本締め」と、1回する「一本締め」です。「九」は「苦」につながるため、一画たして「丸」とし、10回手を叩くことで「その場を丸くおさめる」という意味があります。「よぉ〜、パン」は「一丁締め」といい、正式な締めではありません。

お盆の作法

先祖の霊とすごす4日間。気持ちよくおもてなししましょう。

「盆と正月」ということばがあるように、日本人にとってお正月に次ぐ大切な年中行事がお盆です（新盆供養は、192ページ参照）。多くの企業や官公庁では、8月13日～16日のお盆の時期を「お盆休み」として夏休みにあてるのが一般的です。

本来のお盆は、7月13日～16日ですが、農作業の繁忙期と重なるため、月遅れの8月に行なう地域がふえました。

お盆の手順は、①13日の朝までに仏壇を清め、盆棚を用意し、位牌や供花、供物などを飾る→②13日の夕方に玄関や庭で迎え火を焚き、盆棚の線香や燈明《とうみょう》をともし、霊を迎える→③15日に、僧侶を招いて読経をしてもらい霊をなぐさめる→④15日の夕方か16日の朝に、送り火を焚いて霊を見送る、といった流れが一般的です。

②で霊を迎えた以後は、15日まで供物と明かりは絶やさないように。**また、④で霊**

●素焼きの皿で苧がらを焚く「迎え火」

煙に乗って霊が帰ってくるので、合掌をして迎える。

を見送ったあとは、16日のうちに盆棚や供物を片づけるようにしましょう。

お盆に関連した行事も全国にあります。送り火として有名なのが、京都の「五山《ござん》の送り火」、通称「大文字焼き」です。供物を盆船に乗せて海や川に流す「精霊《しょうろう》流し」や、灯ろうを流す「灯ろう流し」を行なう地域もあります。

徳島の「阿波踊り」など、夏祭りの代名詞として普及した盆踊りも、もとは先祖供養のための仏教行事のひとつです。本来は弔事であるお盆が、お祭りとしてにぎやかにすごすものになった、日本らしい先祖供養の形といえそうです。

お月見の作法

「月を愛でる」のも日本人ならでは。十五夜と十三夜があります。

お月見は、平安時代に貴族のあいだで満月を見ながら詩歌を詠む遊びにはじまりました。江戸時代には豊作を祝う収穫祭として、庶民のあいだにも広まりました。旧暦8月15日（新暦9月中旬〜下旬）の満月は、「十五夜」「中秋《ちゅうしゅう》の名月」といって一年でもっとも明るく美しいとされ、酒宴を開いて満月を観賞します。芋類の収穫期であるため、「芋名月」とも呼ばれています。

お月見では、月見だんご、里芋や枝豆などの季節の野菜、季節の果物などを供えるほか、はぎ、おばな、くず、なでしこ、ききょう、おみなえし、ふじばかまの「秋の七草」を飾ります。「十五夜」にちなんでだんごを15個、または一年の月の数に合わせて12個を、三方に載せるのが習わしです。

だんごや芋など丸いものを供えるのは、月と同じ丸いものを食べることによって、

●見て楽しむ秋の七草

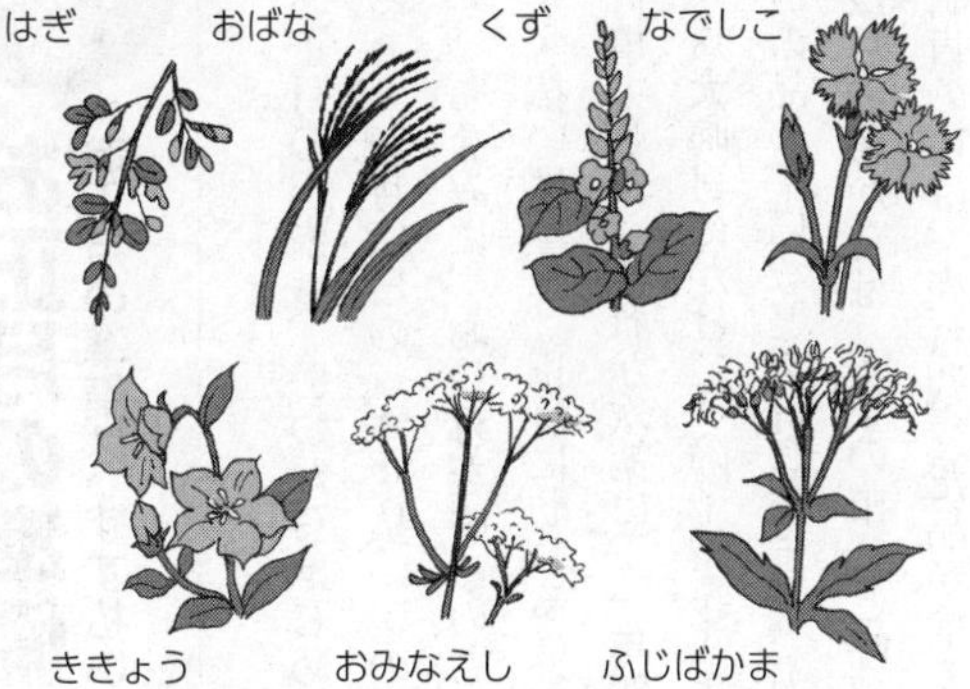

ききょうは「あさがお（朝貎）」ともいわれるが、朝顔とはべつ。

健康と幸運がもたらされるからとされます。秋の七草は春の七草とは異なり、食べるのではなく花瓶に生けて見て楽しみましょう。**七種すべてそろわなければ、おばな（すすき）を飾るだけでもかまいません。**

また、約1カ月後の旧暦9月13日（新暦10月下旬）の「十三夜」も、豆や栗を供えて満月を観賞する風習があり、「豆名月」「栗名月」などと呼ばれます。

にぎやかに楽しむ花見に対し、月見は静かにじっくりと、月見酒でもいただきながら観賞するのが大人の粋な楽しみかたではないでしょうか。

お正月の準備

お正月の準備は、すす払いにはじまり、大晦日には終えるように。

お正月の準備は、いつからはじめるのが正式なのでしょうか。古くからの習わしによると、12月13日の「すす払い」の日が、お正月の準備をはじめる「事始め」とされます。ちなみに、お歳暮を贈るのもこの時期からとされます。

すす払いは本来、正月に訪れる歳神さまを迎えるために、神棚や仏壇を清める信仰的な行事でした。それが次第に、一年間のほこりを払う大掃除として広まりました。この日から大晦日にかけて、障子やふすまの張り替え、正月飾りの準備、おせち料理の準備、年賀の品の準備などを行ないます。力仕事も多いので、率先して行ないましょう。

12月中旬からは、「年の市」と呼ばれる正月用品の市が各地で開かれます。とくに大晦日の市は、売れ残った品が捨て値で売られることから「捨市《すていち》」と呼ばれますが、正月飾りや鏡もちを、29日や大晦日に飾るのは避けましょう（２０４ページ参照）。

いよいよ31日は大晦日。**正月の準備は昼にはすませ、夜は家庭で年越しそばをいただきます。**江戸時代からの風習で、こしが強く細長いそばは、「丈夫で長生き」「末永く繁栄」を意味する縁起担ぎの食べ物とされます。

なお、大晦日の夜は眠らずに歳神さまを迎えるしきたりがあったため、早寝は失礼とされていました。大晦日は家族そろって除夜の鐘《かね》を聞くのがいいでしょう。除夜とは年越しの夜のことで、寺院では108の鐘をつきます。新しい年も煩悩にまどわされないよう、最後の108回目は、年が明けてからつくのが一般的です。

男の教養コラム

大掃除に畳のメンテナンスを

年に一度の大掃除は、虫がわかないよう畳を手入れする好機です。新品の畳なら3～4年たったら、まず「裏返し」を行ないます。6～7年たつと、表面のゴザを取り換える「表替え」の時期です。そして15年以上たつと寿命になるので、新畳への取り換えがおすすめ。男性が率先して行ないたい作業です。

参考文献

『一行で覚える できる大人のふるまい方』岩下宣子著、講談社＋α文庫
『図解 マナー以前の社会人常識』岩下宣子著、講談社＋α文庫
『贈り方のマナーとコツ』岩下宣子監修、伊藤美樹絵、学研教育出版
『あなたの人生を変える日本のお作法』岩下宣子監修、自由国民社
『冠婚葬祭しきたりとマナー事典』岩下宣子監修、主婦の友社
『大人の気くばり＆マナー９５０』岩下宣子監修、永岡書店
『食べ方のマナーとコツ』渡邊忠司監修、伊藤美樹絵、学研教育出版
『冠婚葬祭マナー大事典』学研ライフ＆フーズ編集室編、学研パブリッシング
『男の作法』馬場啓一著、こう書房
『これで解決！大人のおつきあいマナー』重田由美子監修、主婦の友社
『男のマナーにはツボがある！』城田美わ子著、青春出版社
『大人のマナー便利帳』知的生活研究所著、青春出版社
『大人のマナー 和の作法便利帳』知的生活研究所著、青春出版社
『伊勢丹の最新儀式１１０番』株式会社伊勢丹著、誠文堂新光社

『きちんと覚えたい美しいマナー』成美堂出版編集部編、成美堂出版
『小笠原流 日本のしきたり』小笠原清忠著、ナツメ社
『美しい所作と恥ずかしくない作法が身に付く本』日経おとなのＯＦＦ編、日経ＢＰ社
『おとなのマナー完璧講座』日経おとなのＯＦＦ編、日経ＢＰ社
『世界に通用するマナーを教えてさしあげます！』佐藤よし子監修、村田順子著、ＰＨＰ研究所
『「さすが！」といわせる大人のマナー講座』日本マナー・プロトコール協会著、ＰＨＰ研究所
『鳩居堂の日本のしきたり豆知識』鳩居堂監修、マガジンハウス

本書は、祥伝社黄金文庫のために書下ろされました。

祥伝社黄金文庫

「大人《おとな》の男《おとこ》」の所作《しょさ》と作法《さほう》

平成26年12月20日　初版第1刷発行

監　修　岩下宣子《いわしたのりこ》　　編　著　造事務所《ぞうじむしょ》

発行者　竹内和芳

発行所　祥伝社《しょうでんしゃ》

〒101－8701
東京都千代田区神田神保町3－3
電話　03（3265）2084（編集部）
電話　03（3265）2081（販売部）
電話　03（3265）3622（業務部）
http://www.shodensha.co.jp/

印刷所　堀内印刷

製本所　ナショナル製本

Printed in Japan　© 2014, Noriko Iwashita,ZOU JIMUSHO　ISBN978-4-396-31652-5 C0195

祥伝社黄金文庫

荒井弥栄
ファーストクラスの英会話
電話・メール・接待・交渉編
大事な交渉の席で、相手にケンカを売るような英語を使っていませんか？　その英語、実はこんなに危険です！

荒井裕樹
プロの論理力！
4億の年収を捨て、32歳でMBA取得に米国留学！　さらに大きくなり戻ってきた著者の「論理的交渉力」の秘密。

上田武司
プロ野球スカウトが教える一流になる選手　消える選手
一流の素質を持って入団しても、明暗が分かれるのはなぜか？　伝説のスカウトが熱き想いと経験を語った。

漆田公一＆デューク東郷研究所
究極のビジネスマン　ゴルゴ13の仕事術
なぜ彼は失敗しないのか
商談、経費、接待、時間、資格――危機感と志を持つビジネスマンなら、ゴルゴの「最強の仕事術」に学べ！

関谷英里子
同時通訳者が世界のビジネスエリートに学んだ
結果が出るプレゼンの教科書
著者が知っているテク、大放出！「ネイティブにホメられるプレゼン英語」フレーズリスト付き。

高橋俊介
いらないヤツは、一人もいない
「会社人間」から「仕事人間」になる10カ条
わが国きっての人材マネジメントのプロが贈る〝含み損社員〟償却の時代を生き残るための10カ条。